賛否両論 味の世界

賛否両論店主
笠原将弘

KADOKAWA

賛否両論
賛否両論

はじめに

恵比寿のはずれの路地裏に、私のお店「賛否両論」を開いてあっという間に20年の月日が過ぎた。

高校を卒業して懐石料理の店で9年、実家の焼き鳥屋を父親から引き継ぎ4年半、毎日毎日、料理の修業に明け暮れた。懐石料理の店ではさまざまな高級食材にふれ、和食の基礎を徹底的にたたき込まれた。芸術的な盛り付けや、器の使い方、献立の立て方なども学ぶことができた。

一方、実家の焼き鳥屋では焼き鳥の仕込みから串の打ち方、焼き方、さまざまな鳥料理、そして居酒屋料理の数々も学ぶことができた。当然、店の経営の仕方や値段の決め方も。自由に使える時間もたっぷりあったので、独学で他ジャンルの料理や、デザート作りなども学んだ。

このすべての経験や時間が、料理人 笠原将弘をつくり上げたと思っている。そして、料理の世界に足を踏み入れ、自分でも気付いていなかったもう一人の笠原将弘に出会うことができた。料理に関することならいくらでも集中ができ、いろいろなアイデアも次々と浮かぶ。

自分で言うのもなんだけれど、負けず嫌いで野心家で、サービス精神旺盛。何年経ってもまったく飽きない向上心の持ち主。料理が楽しくて仕方がない。料理モンスター、飲食業ファンタジスタ、水商売の鬼だと自負している。こんなに料理人という仕事が自分に合っていたとは驚きだった。さぼってばかりで全然勉強もしなかった学生時代が嘘のようだ。

おそらく死ぬまで料理人を続けていくだろう。まだまだ私の料理人としてのオデッセイは終わらないが、自分で一からつくり上げた賛否両論20年の歴史と、今まで生み出してきた数々の料理を、節目として一冊の本にまとめてみた。

ひとつひとつの料理の奥に潜む、さまざまなドラマまで想像して楽しんでいただければ幸いである。

2024年 秋 ZIGGYのGLORIAを聴きながら

賛否両論 笠原将弘

もくじ

はじめに　二

料理を作る前に　八
基本のだしのとり方　九

料理とコースの組み立て方　一〇
とり将から賛否両論へ　五〇
賛否両論開店　一一二
我が父 笠原賢のこと　一三八
みんな同じことを教えてくれた　一六八

八寸（先付け、小鉢）　一二
春 八寸　一四
ほたるいかしぐれ煮 木の芽　一五
北寄貝とうるい ぬた　一六
鰆 グリーンアスパラ 揚げ浸し　一六
肉じゃが玉子焼き　一七
五目おから　一七
春 八寸　一八
生青のり入り玉子焼き　一九
桜ます新玉ねぎ南蛮漬け フルーツトマト　二〇
いちご春菊チーズ白和え　二〇
鶏レバーオイル漬け　二一
たこやわらか煮　二一
夏 八寸　二二
ごま豆腐 旨だし わさび　二四
たこ 58℃蒸し たたきオクラ 酢ゼリーがけ　二四
フルーツトマト 玉ねぎドレッシング　二五
煮穴子 冬瓜田舎煮 ふり柚子　二五
鴨ロース 水なす辛子漬け　二六
枝豆擬製豆腐　二六
（単品）
車海老 翡翠なす じゅんさい とめ生姜　二七
たことグレープフルーツ 実山椒みぞれ和え　二八
長芋そうめん うにのせたたきオクラ　二九
夏 八寸　三〇
加賀太きゅうり煮浸し 糸鰹　三一
カステラ玉子　三一
蒸し鶏 枝豆白和えソース　三一
（単品）
鱧おとし
フルーツトマト きゅうりジュレ 梅肉　三二
山芋豆腐 甘海老紹興酒漬け
オクラすり流し ふり柚子　三三
煮穴子炙り きゅうりのパリパリサラダ　三四
北寄貝湯引き 夏野菜ソース　三五
秋 八寸　三六
江戸風玉子焼き　三七
にしんなす　三八
鴨ロース ごぼうと長ねぎ塩きんぴら　三八
丸十甘煮　三九
生牡蠣と豆苗のお浸し　三九
（単品）
牡蠣生姜風味煮浸し　四〇
新イクラ醤油漬け 長芋オクラとろろ　四〇
柿とラムレーズン白和え　四一
鯛としめじ 山えのき昆布〆　四一
合鴨蜜焼き かぼちゃいぶりがっこサラダ　四二
冬 八寸　四三
北寄貝湯引き はっさくジュレ　四四
たこの紹興酒漬け　四四
ゆり根入り玉子焼き　四五
鶏とごぼうのテリーヌ　四五
あん肝うま煮 うるい辛子酢みそがけ　四六
金時にんじんのサラダ　四六
（単品）
雲子のすり流し　四七
冬 八寸　四八
あん肝 にらだれがけ　四九
菜の花しらす太白和え　四九
新たけのこ土佐煮 木の芽　四九

揚げ物　五二
春
稚鮎の春巻き クレソン空豆かき揚げ　五四
揚げキャベツもち
スナップえんどうおかき揚げ　五六
太アスパラおかき揚げ
ほたるいかじゃがいもカステラ揚げ　五七
たけのこから揚げ 芽キャベツおかき揚げ　五八

夏

とうもろこし岩石揚げ 万願寺おかき揚げ 五九
とうもろこしカスタード揚げ
太刀魚ビール衣揚げ 六〇
鮎フライ 骨せんべい 肝タルタル
新ごぼうから揚げ 六二
鱧カツ 梅玉ねぎソース
加賀太きゅうり煮浸し 六三

秋

万願寺とうがらし天ぷら
ジャンボしいたけおかき揚げ 六四
蓮根と胡桃の揚げまんじゅう
舞茸おかき揚げ 六六

冬

揚げ牡蠣しんじょう あわびたけおかき揚げ 六七
ふぐの中落ちから揚げ 六八
鰆のじゃがいも衣揚げ
三つ葉のそばがき揚げ 六九

お椀 七〇

春

焼きたけのこしんじょう
わかめ わらび 木の芽 七二
鮎並酒蒸し 新たけのこ
わかめ 木の芽 桜花塩漬け 七三

夏

穴子しんじょう 新ごぼう沢煮椀 青柚子 七四
毛蟹ととうもろこししんじょう
白瓜 とめ生姜 七五
鱧葛打ち
賀茂なす じゅんさい 青柚子 とめ梅肉 七六

秋

海老銀杏しんじょう
おかひじき 白舞茸 青柚子 七八
鱧 松茸 車海老 小鍋仕立て 七九
帆立焼き目しんじょう
いんげんお浸し ジャンボしいたけ 八〇

冬

聖護院だいこん含め煮
海老つくね 水菜 しいたけ 黄柚子 八二
牡蠣しんじょう 春菊浸し とめ生姜 八四

お造り 八五

お造りについて 八六

春

鰆 本まぐろ しまあじ たけのこ醤油 八八
鯛 本まぐろ 帆立 根三つ葉とんぶり和え
菜の花醤油 八九
かわはぎ 肝醤油和え 芽ねぎ 九〇

夏

鯛 鰹 しまあじ おかひじき セロリ醤油 九一
鯛 本まぐろ あおりいか ゴーヤー醤油 九二

秋

平目 本まぐろお造り 紅芯大根 春菊醤油 九三
戻り鰹お造り 長芋まぜまぜ 味付け辛子 九四
秋刀魚と水なす 柚子こしょう和え 九五
鯛と柿の薄造り 九五

冬

ふぐの薄造り ふぐ皮白菜塩昆布和え添え 九六
ごまさば高菜和え 九七
やりいかえのきそうめん うに卵黄だれ 九八

箸休め 九九

春夏

ゴールデンキウイと新生姜のすり流し 一〇〇

夏

メロンと緑野菜の冷たいすり流し 一〇一
すいかと梅干しの冷たいすり流し 一〇一

秋冬

焼きりんごのすり流し 一〇二

おしのぎ 一〇三

春

煮蛤寿司 木の芽 針うど 一〇四
鯛昆布〆 木の芽酢飯握り 一〇六
牛と新ごぼう
クレソンのすき焼き 卵黄 ご飯添え 一〇七

夏

うなぎ蒸し寿司 一〇八
あわび すだちそうめん 一〇九

秋

炙りかます棒寿司
松茸醤油 いぶりがっこ 一一〇

冬
炙りとろ 赤玉ねぎ 手巻き寿司 一一一
うにと青のりのおじや
バター 黒こしょう 芽ねぎ 一一一

焼き物 一一四
春
桜ます桜の香り焼き 桜葉素揚げ ふき田舎煮
レモンおろし 一一六
鰆香り醤油焼き カリカリふきのとうちらし
長芋おろし 一一八
夏
すずき山椒焼き 刻み実山椒
フルーツトマトいちじくみぞれ和え 一一九
うなぎ白焼き
ゴーヤー佃煮 山椒風味 一二〇
まな鰹塩焼き モロヘイヤおろし
蛇腹きゅうり甘酢 一二二
太刀魚塩焼き ホワイトセロリおろし
パプリカきんぴら すだち 一二三
秋
秋鮭 西京焼き 栗けずり
パプリカ揚げ浸し 一二四
冬
寒鰤みかん照り焼き 焼きみかん 春菊おろし
一二六
鴨と九条ねぎつみれ焼き 黄身おろし
しめじ山椒炒め 一二七

肉料理 一二八
春
豚バラ 新玉ねぎ 焼き豆腐のすき煮 一三〇
夏
岩中豚しゃぶしゃぶ
らっきょうたたき長芋がけ 一三二
鶏焼き浸し 冬瓜含め煮 ジャンボしいたけ
ふり柚子 一三三
秋
豚しゃぶ かぶなめこ長ねぎあんかけ 一三四
冬
豚肩ロースの白みそ煮 えびいも 九条ねぎ
ふり柚子 一三六
牛タンおでん風 聖護院だいこん うずら玉子
こんにゃく 水菜 一三七

蒸し物 一四〇
春
空豆 よもぎ麩 しいたけ茶碗蒸し
生桜海老あんかけ 一四二
蛤と春キャベツ茶碗蒸し 蛤だしあんかけ 一四三
夏
新ゆり根茶碗蒸し 梅あんかけ 花穂 一四四
鶏むね葛打ち 九条ねぎ しいたけ茶碗蒸し
アボカドすり流し 一四五
車海老 白きくらげ 茶碗蒸し
焼きなすすり流し 茗荷 一四六
秋
鱧と松茸 新銀杏茶碗蒸し
鱧スープあんかけ 一四七
新イクラの茶碗蒸し 一四八
うなぎの茶碗蒸し 梅きゅうのせ 一四九
冬
雲子と山えのき茶碗蒸し
白菜すり流し 黒こしょう 一五〇
湯葉とおもちの茶碗蒸し
炒め玉ねぎあんかけ 黒こしょう 一五二

ご飯 一五三
春
鶏そぼろ グリーンピース炊き込みご飯
錦糸玉子 一五四
生桜海老とふきの炊き込みご飯 一五五
たけのことあさりの炊き込みご飯
わかめスープ添え 一五六
夏
じゃこと万願寺とうがらし炊き込みご飯 一五八
とうもろこし炊き込みご飯 バター 一五九
鮎と新生姜炊き込みご飯 たで葉 一六〇
うなぎと新ごぼう炊き込みご飯
梅干し 三つ葉 白ごま 一六一
秋
新米 白ご飯 ご飯のお供５種 一六二
じゃこと焼き蓮根の炊き込みご飯 一六四

冬
蟹と白菜炊き込みご飯　一六五
しらす 蓮根 せりきんぴら炊き込みご飯　一六六
鯛と雲子 九条ねぎ炊き込みご飯　一六七

変わり醤油、たれ　一七〇
造り醤油　一七二
春の変わり醤油　一七四
①せり塩昆布
②生青のり醤油
③ふきのとう黄身酢
④わらび醤油
⑤行者にんにく醤油
⑥わかめ醤油
⑦たけのこ醤油
⑧新玉ねぎ醤油
⑨菜の花醤油
⑩にら醤油

夏の変わり醤油1　一七六
⑪トマト醤油
⑫セロリ醤油
⑬ししとう醤油
⑭ゴーヤー醤油
⑮オクラ醤油
⑯焼きなす醤油
⑰大葉醤油
⑱梅醤油

夏の変わり醤油2　一七八
⑲いり酒
⑳梅酢みそ
㉑新生姜塩昆布
㉒梅ごま塩昆布
㉓きゅうりみぞれ酢
㉔実山椒酢みそ

秋の変わり醤油　一八〇
㉕梅なめたけ
㉖しいたけ醤油
㉗ごぼう醤油
㉘松茸醤油
㉙とろろとんぶり醤油
㉚揚げごぼう塩昆布
㉛柿酢
㉜なめこ醤油

冬の変わり醤油　一八二
㉝ねぎごま塩だれ
㉞春菊醤油
㉟せりごま醤油
㊱紅芯大根みぞれ酢
㊲根三つ葉醤油
㊳九条ねぎ醤油
㊴かぶみぞれ酢
㊵べったら塩昆布
㊶金時にんじん醤油

変わり醤油 通年　一八四
㊷もやし醤油
㊸赤玉ねぎ醤油
㊹いぶりがっこ醤油
㊺オリーブ塩昆布
㊻揚げおかか
㊼練り酒盗
㊽梅ごま貝割れ
㊾納豆醤油

甘味　一八六
大葉シャーベット　一八九
杏仁豆腐　一八九
きなこアイス　一九〇
焼きもなか　一九〇
とり将プリン　一九一
春
いちごメレンゲ 練乳クリーム和え　一九二
あんこ玉3種　一九三
抹茶かん びわ添え　一九三
夏
トロピカルフルーツジェラート　一九四
杏仁豆腐 パイナップル 紅茶のジュレ　一九五
杏仁豆腐 シャインマスカット
白ワインジュレ　一九五
わらびもち 桃のスープ仕立て ミント　一九六
抹茶と青柚子のジェラート　一九七
秋
マロンアイス　一九八
杏仁豆腐 柿ソース　一九九
黄柚子シャーベット　一九九
冬
蒸しチョコレートケーキ
ホイップクリーム　二〇〇
カンパリみかん　二〇二
バターもち黒すりごま　二〇二
杏仁豆腐 いちご 白ワインジュレ　二〇三

おわりに　二〇六

料理を作る前に

・大さじ１＝15ml、小さじ１＝5ml、１合＝180mlです。
・塩は昔ながらの製法で作られた精製されていない天然のもの、砂糖は上白糖、みりんは本みりん、酒は日本酒を使用しています。
・醤油は特に表記がない場合、濃口醤油を表します。
・酢は特に表記がない場合、穀物酢を表します。
・油は特に表記がない場合、サラダ油を表します。
・水溶き片栗粉は片栗粉を同量の水で溶いたものを表します。
・本書で使用しているだしは二番だし（p.9）を表します。
・梅干しは塩分10％のものを使用しています。
・「千鳥酢」は村山造酢の登録商標です。
・材料内に割合で示しているものもあります。具材がひたるくらいを目安にしてください。
・材料が作りやすい分量のものは適量としています。
・火加減は特に表記がない場合、中火です。
・野菜や果物は特に表記がない場合、皮をむいていること、種やへた、筋などを取り除いていることを前提としています。
・赤唐辛子は種を取っていることを前提としています。
・食材をそうじするといった表記がある場合は、それぞれに合った下処理を行ってください。
・上身にするとは、魚や鶏肉などの骨や内臓を取り除いた状態を表します。
・鍋中やボウルなどでそのまま数時間味をなじませる場合、特に指定のない限りは常温を指します。夏場は特に指定がない場合でも冷蔵室に入れてください。
・オーブン、コンベクションオーブン、電子レンジ等は、メーカーや機種によって加熱時間が異なります。レシピは予熱していることを前提に表記しています。レシピを目安に様子を見ながらご自身で加減してください。
・アイスクリームメーカーにかける時間は、お手持ちの機種に合わせてください。
・蒸し器に使用する容器、オーブンや魚焼き器に使用するバットや器は、耐熱性のものを使用しています。
・はちみつを使用しているものは１歳未満の乳児には食べさせないでください。
・メニューの内容は2024年８月時点のものです。

基本のだしのとり方

吸い地

材料
真昆布…10g
水…1ℓ
鰹本枯削り節…30g
A
├酒…少々
├薄口醤油…少々
└塩…少々

とり方
1 鍋に昆布と水を入れ、2時間ほどおく。
2 1を火にかけてゆっくり沸かし、65℃くらいの温度で2時間ほど煮出す。
3 昆布を取り出して火を強め、一度沸かす。
4 火を止めて鰹節をほぐして加え、沈んだらアクをひく。
5 濾し器に濾し布とペーパータオルをのせ、4を濾す。
＊ 決してしぼらないように。
6 濾し終わったら、温め直してAを加えてあたりをつける。

二番だし

材料
吸い地をとった昆布と鰹節のだしがら…全量
水…1ℓ
鰹削り節…15g

とり方
1 鍋にすべての材料を入れ、火にかける。沸いたらアクをひいて弱火にし、20分ほど煮出す。
2 濾し器に濾し布とペーパータオルをのせ、1を濾す。
＊ しぼってよい。
> みそ汁、めんつゆ、煮炊き物などに使う。

デザイン　中村善郎（yen）
撮影　日置武晴
　　　広瀬貴子
スタイリング　池水陽子
調理スタッフ　矢部美奈子（賛否両論）
校正　麦秋アートセンター
構成・編集　赤澤かおり
編集　藤原民江

賛否両論は月２回、前半、後半でコースの内容を替えている。先付けからデザートまででだいたい10品くらい。ほかの店舗やプロデュースしているお店の分もすべて私が考えている。この作業が一番苦しく楽しい作業だ。

修業時代、私の師匠の料理長も献立替えの時期になるとうんうん唸りながら鬼の形相で必死に新しい献立を考えていた。

「献立を組み立てられるようになったら一人前の料理人や!!」と、いつも口癖のようにつぶやいていた。まったくその通りだと思う。

私も毎日24時間、常にいい料理はないかと考えているし、コース内容が少しでも良くなるようにと頭を悩ませている。20年やってきて、ほぼコース全体量や、出す順番は決まってきた。

まず最初はパッと出せる先付けや、旬の野菜と魚介類がバランス良く並び、いろいろなものを少しずつ楽しめる華やかな八寸。２品目は必ず揚げ物。まだ１杯目のビールが残っていて食欲のあるうちのほうが揚げ物はうれしいはず。３品目はお椀。お椀はあまり奇を衒わない王道スタイルで日本料理っていいなぁと思ってもらう。ここでおいしいお出汁で舌と胃を落ち着けてもらって前半終了。

中盤４品目はお造りから。旬の魚介類を２、３種類に、大根のけんは残すお客様が多いから、あえて使わず、ひと捻りしたあしらいを添える。醤油も普通の造り醤油と、季節の変わり醤油の２種類でお客様に自由に楽しんでもらう。

この辺りで日本酒を飲むお客様が多くなる。作戦成功!!　箸休めか、おしのぎを挟んでメインの焼き物へ。そろそろお腹もいい感じだと思うので、後半戦は少しお肉料理をお出しして、その後は茶碗蒸しで胃を温めてもらう。茶碗蒸しは、具材と上にかけるあんなどの組み合わせでお造り同様、季節感も出せるし、創作的な一品にもできるので好きなアイテムだ。

〆はお客様ひと組ごとに土鍋で炊く季節の炊き込みご飯。新米の時季だけ白米にご飯のお供を添えてお出ししている。おかわりもあるし、残ったらおむすびにしてお土産に。お客様だって持って帰れたらうれしいもんね。

そして最後はお楽しみのデザート。毎日６種類用意して、そこから好きなだけ選んでもらうシステム。これはフランス料理のワゴンデザートを参考にした。最後がテンション高く終わっていただければ、お会計もお得に感じてもらえるし、また来たいなと思っていただけるはず。

コースの考え方は野球で言えば、誰にどこを打たせるかの打順だし、映画でたとえれば、誰を主役に、誰をヒロインに、名脇役をどこにおくか、みたいなものだ。全員四番打者ばかりだったら試合に勝てるということでもないし、良い脇役がストーリーをおもしろくしてくれるということもある。そんなわけで、今日も私はお店の３階の通称社長室で、1000冊以上ある料理本に囲まれ、うんうん唸りながら献立を考えている。まだまだ若いスタッフにはこれを任せられないな。

八寸（先付け、小鉢）

春八寸
鰆 グリーンアスパラ
揚げ浸し
北寄貝とうるい ぬた
ほたるいかしぐれ煮 木の芽
肉じゃが玉子焼き

五目おから

ほたるいかしぐれ煮 木の芽

材料（作りやすい分量）
ほたるいか（ゆでたもの）…適量
A
└ だし：醤油：みりん：砂糖＝15：1：1：0.2
生姜（せん切り）…適量
木の芽…適量

1　ほたるいかは目、くちばし、軟骨を骨抜きで取り、そうじする。
2　鍋にAと生姜を入れ、火にかける。煮立ったら1を加えてさっと煮、火を止めてそのまま1時間以上おいて味を含ませる。
3　器に盛り、木の芽を飾る。

北寄貝とうるい ぬた

材料（作りやすい分量）
北寄貝…適量
うるい…適量
（浸し地）
└ だし：薄口醤油：みりん＝12：1：1
（白玉みそ）
├ 白みそ…200g
├ 卵黄…6個分
├ 酒…120ml
└ 砂糖…50g
A
├ 酢…20ml
└ 練り辛子…小さじ1
松の実…適量
一味唐辛子…適宜

1 北寄貝は殻からはずし、そうじをする。熱湯でさっとゆで、氷水におとす。水けをきって細切りにする。
2 うるいは5cm長さに切って熱湯でさっとゆで、氷水におとす。水けをきってしっかりしぼる。
3 鍋に浸し地の材料を合わせ入れ、火にかける。煮立ったら火を止め、そのまま冷まして1、2をつける。
4 別の鍋に白玉みその材料を入れて弱火にかけ、木べらで練って白玉みそを作る。
5 白玉みそ50gにAを加え混ぜ、辛子酢みそを作る。
6 3の汁けをきって5で和える。
7 器に6を盛り、松の実をちらし、好みで一味唐辛子をふる。

鰆 グリーンアスパラ 揚げ浸し

材料（作りやすい分量）
鰆…適量
グリーンアスパラガス…適量
塩…適量
薄力粉…適量
（浸し地）
├ だし：薄口醤油：みりん＝12：1：1
└ 砂糖…少々
揚げ油…適量

1 鰆は上身にしてひと口大に切り、薄く塩をあてて薄力粉をまぶす。
2 アスパラは根元を切り、ピーラーでかたい部分を薄くむいてひと口大の乱切りにする。
3 鍋に浸し地の材料を合わせ入れ、火にかける。煮立ったら火を止め、そのまま冷ます。
4 180℃の揚げ油で1、2を2分ほどずつ揚げ、3につける。1時間以上おいて味を含ませる。

五目おから

材料（作りやすい分量）
おから…200g
鶏ももひき肉…100g
にんじん…60g
きくらげ（もどしたもの）…50g
ごぼう…60g
さやいんげん…4本
A
- だし…300ml
- 酒…大さじ2
- 砂糖…大さじ3
- 薄口醤油…大さじ3

卵…1個
油…大さじ1
ごま油…大さじ1
塩…少々

1 にんじんときくらげは2cm長さの細切りにする。ごぼうはささがきにしてさっと洗う。いんげんはへたを取り、2cm幅に切る。
2 フライパンに油とごま油を熱し、ひき肉を炒める。ほぐれたら1を加え、炒める。しんなりしたらおからを加え、油がなじむくらいに炒め、Aを加える。ときどき混ぜながら汁けがほどよくとぶまで煮る。
3 卵を割りほぐして2にまわし入れ、ざっと混ぜ合わせる。火を止め、塩で味をととのえる。

肉じゃが玉子焼き

材料（約22×8×H6cmの型2台分）
鶏ももひき肉…500g
じゃがいも（中）…3個
玉ねぎ…1個
A
- 酒…大さじ6
- 砂糖…大さじ3
- 醤油… 大さじ4
- みりん… 大さじ2

卵… 6個
太白ごま油…大さじ1
フルーツトマト…適量

1 じゃがいもは皮をむいて1.5cm角ほどに切って蒸気の上がった蒸し器でさっと蒸す。
2 玉ねぎは1.5cm角ほどに切る。
3 フライパンに太白ごま油を熱し、ひき肉を炒める。ほぐれて脂が出たら1、2を加え、脂がなじむまで炒める。
4 Aを加え、煮立ったら弱火にして落としぶたをし、じゃがいもがやわらかくなるまで煮て火を止める。
5 卵を割りほぐして加え、軽く混ぜて半熟状にする。
6 型にオーブン用ペーパーを敷き、5を流し入れる。250℃のオーブンで15分ほど焼く。
7 粗熱がとれたら型から取り出し、食べやすい大きさに切り分ける。器に盛り、食べやすく切ったフルーツトマトを添える。

春八寸

いちご春菊チーズ白和え

桜ます新玉ねぎ南蛮漬け
フルーツトマト

生青のり入り玉子焼き

生青のり入り玉子焼き

材料（作りやすい分量）
卵…8個
生青のり…適量
A
- だし…120ml
- 酒…大さじ2
- 砂糖…大さじ4
- 醤油…大さじ1

油…適量

1 Aはよく混ぜ合わせる。
2 ボウルに卵を割りほぐし、1、生青のりを加えて泡立て器でよく混ぜ合わせる。
3 玉子焼き器に油を熱し、2を1/4量入れて薄く焼く。半分に折りたたんで焼いた底にも卵液を流し、また折りたたむを4回繰り返し、ふっくら焼き上げる。食べやすい大きさに切る。

桜ます新玉ねぎ南蛮漬け フルーツトマト

材料(作りやすい分量)
桜ます…適量
新玉ねぎ…適量
フルーツトマト…適量
A
├だし:千鳥酢:薄口醤油:みりん:砂糖
└ =8:2:1.2:1:0.5
塩…適量
薄力粉…適量
赤唐辛子(小口切り)…適量
揚げ油…適量

1 桜ますは上身にして皮をひき、ひと口大に切る。塩を薄くあてて下味をつけ、薄力粉をまぶす。
2 新玉ねぎは薄切りにし、水でさっと洗って水けをきる。
3 フルーツトマトは熱湯にさっとくぐらせて湯むきし、くし形に切る。
4 鍋にAを入れ、火にかける。煮立ったらそのまま冷まし、2、3、赤唐辛子をつける。
5 1は180℃の揚げ油で2～3分揚げ、4につける。1時間以上おいて味を含ませる。

いちご春菊チーズ白和え

材料(作りやすい分量)
いちご…適量
春菊…適量
(浸し地)
└ だし:薄口醤油:みりん=12:1:1
(白和え衣)
├木綿豆腐(しっかり水きりしたもの)… 300g
├マスカルポーネチーズ…大さじ6
├砂糖…大さじ1と1/2
└塩…小さじ2/3
松の実…適量
黒こしょう…適宜

1 いちごはへたを切って縦4等分に切る。
2 春菊は熱湯でゆで、ゆで汁をしぼる。
3 鍋に浸し地の材料を入れ、火にかける。煮立ったらそのまま冷ます。
4 3に2をつけ、お浸しにする。汁けをしぼってざく切りにする。
5 フードプロセッサーに白和え衣の材料を入れ、なめらかになるまで攪拌する。
6 1、4を5で和える。器に盛り、松の実をちらし、好みで黒こしょうをふる。

鶏レバーオイル漬け

材料（作りやすい分量）
鶏レバー…500g
生姜（薄切り）…20g
A
- 酒…100ml
- きび砂糖…50g
- 醤油…100ml
- みりん…100ml

太白ごま油…適量
黒こしょう…適量

1 レバーは血合いや筋を取り除き、そうじして適当な大きさに切る。
2 熱湯に1を入れ、ふたをして火を止める。そのまま5～6分おき、ざるにあけてゆで汁をきる。
3 別の鍋に生姜、A、黒こしょう適量を入れ、火にかける。煮立ったら2を加え、再び煮立ったら弱火にして5分ほど煮る。火を止め、ペーパータオルを落としてそのまま常温で冷まして味を含ませる。
4 3をざるにあけ、10分ほどおいて汁けをきる。保存容器に入れ、太白ごま油をひたひたに注いで冷蔵室で1日以上おく。
5 器に盛り、黒こしょうを少々ふる。

たこやわらか煮

材料（作りやすい分量）
活だこ…1パイ
大根…200g
A
- 水…2ℓ
- 酒…160ml
- 黒砂糖…200g
- 醤油…120ml

塩…適量
空豆甘煮（下記）…適量

1 たこはくちばしと内臓を取り除き、塩でもみ、ぬめりを取る。流水で洗って水けをふき、足を1本ずつに切り分ける。
2 1をめん棒でたたき、筋肉をほぐす。熱湯にさっとくぐらせてから氷水におとし、流水で洗って水けをふく。
3 鍋にAと適当な大きさに切った大根を入れ、火にかける。煮立ったら2を加え、煮立つ直前に弱火にして3時間ほど炊く。火を止め、そのまま冷ます。
4 炊いた地を適量煮詰め、詰めだれにする。
5 器に食べやすく切ったたこと空豆甘煮を盛り、4をかける。

空豆甘煮

材料と作り方（作りやすい分量）
1 空豆適量はさやをはずし、薄皮をむく。熱湯でさっとゆで、氷水におとして色止めする。水けをきって冷蔵室で冷やす。
2 水：砂糖＝4：1と薄口醤油少々を混ぜ合わせる。
3 2に1を半日以上つけて味を含ませる。

夏八寸

煮穴子　冬瓜田舎煮　ふり柚子

フルーツトマト　玉ねぎドレッシング

ごま豆腐　旨だし　わさび

たこ58℃蒸し　たたきオクラ　酢ゼリーがけ

鴨ロース　水なす辛子漬け

枝豆擬製豆腐

ごま豆腐 旨だし わさび

材料（18×18×H4cmの流し缶2台分）
むきごま…250g
水…1350ml
葛粉…90g
酒…450ml
A
- 砂糖… 8g
- 塩… 8g
- 旨み調味料…少々

旨だし（下記）…適量
おろしわさび…適量

1 むきごまは水にひと晩つけてふやかす。ざるにあけて水けをきり、ミキサーに入れる。分量の水を少しずつ加えながらとろとろのペースト状になるまで攪拌する。
2 1をさらしの袋に入れ、ボウルの上で手でもんでからしっかりしぼり、ごまの白い汁をしぼり取る。
3 葛粉を酒で溶き、2の汁に加え混ぜ合わせる。Aも加え混ぜ、濾し器で濾す。
4 鍋に3を入れて火にかけ、木べらで練る。弾力が出てきたら弱火にし、やわらかいもち状になるまでさらに火を入れる。
5 流し缶に水を通し、4を流し入れる。表面にラップをぴったりかけ、型の底を氷水にあてて急冷する。固まったらバットに取り出し、ひと口大に切り分ける。
6 器に盛り、旨だしをかけてわさびをとめる。

旨だし

材料と作り方（作りやすい分量）
> 鍋にだし300ml、醤油・みりん各大さじ4を入れ、火にかける。煮立ったら火を止め、粗熱がとれるまでおく。

たこ58℃蒸し たたきオクラ 酢ゼリーがけ

材料（作りやすい分量）
活だこ…1パイ
塩…適量
たたきオクラ（下記）…適量
酢ゼリー（下記）…適量

1 たこはくちばしと内臓を取り除き、塩でもみ、ぬめりを取る。流水で洗って水けをふき、足を1本ずつに切り分け、耐熱のバットに並べる。
2 コンベクションオーブンを58℃に設定し、1を入れて40分ほど火を入れる。そのまま冷ましてひと口大に切る。
3 器に盛り、たたきオクラを添えて酢ゼリーをかける。

たたきオクラ

材料と作り方（作りやすい分量）
1 オクラ10本はガクの部分をぐるりとむき、塩ずりして汚れを取る。
2 鍋に湯を沸かし、1を加える。菜箸でかき混ぜながら30秒ほどゆでて氷水におとす。
3 2の水けをふき、縦半分に切って種とワタを取り除く。包丁でたたいてとろろ状にし、塩・砂糖各少々で軽く味をつける。

酢ゼリー

材料と作り方（作りやすい分量）
1 板ゼラチン7.5gは冷水につけてふやかす。
2 鍋にだし360ml、薄口醤油・醤油各大さじ1、みりん大さじ2、千鳥酢大さじ4、砂糖大さじ1/2を入れて火にかける。煮立ったら1の水けをしぼって加え、溶かす。
3 鍋底を氷水にあて、冷やし固める。スプーンでくずして使う。

煮穴子 冬瓜田舎煮 ふり柚子

材料（作りやすい分量）
穴子…5本
A
- 水…800ml
- 酒…100ml
- 砂糖…50g
- 醤油…100ml
- みりん…100ml

冬瓜田舎煮（下記）…適量
青柚子の皮…少々

1 穴子はさいて中骨を取り除き、皮目に熱湯をかける。固まったぬめりを包丁でこそげ落とし、水の中ですすぎ洗いして水けをしっかりふく。
2 鍋にAを合わせ入れ、火にかける。煮立ったら1を加えてアクをひき、弱火で20分ほど煮て火を止める。粗熱がとれるまでおき、身をくずさないようにやさしく取り出してざるに並べる。
3 2を食べやすい大きさに切り、冬瓜田舎煮とともに器に盛って青柚子の皮をすりおろしてふる。

冬瓜田舎煮

材料と作り方（作りやすい分量）
1 冬瓜400gはワタと種を取って厚めに皮をむき、ひと口大に切る。
2 フライパンにごま油大さじ1を熱し、1を炒める。油がなじんだら、水200ml、酒・醤油各大さじ3、砂糖大さじ2、赤唐辛子1本を合わせ入れ、全体になじませる。煮立ったら弱火にし、アルミホイルで落としぶたをし、冬瓜がやわらかくなるまで15〜20分煮る。全体をやさしく混ぜ合わせ、火を止めて粗熱がとれるまでそのまま鍋中においてなじませる。

フルーツトマト 玉ねぎドレッシング

材料（作りやすい分量）
フルーツトマト…適量
玉ねぎドレッシング（下記）…適量
黒こしょう…適量

1 フルーツトマトはへたを取り、熱湯にさっとくぐらせ、氷水におとして皮をむく。
2 ひと口大に切って器に盛り、玉ねぎドレッシングをかけて黒こしょうをふる。

玉ねぎドレッシング

材料と作り方（作りやすい分量）
1 玉ねぎ適量はすりおろし、さらしやガーゼなどで汁けをしぼる。
2 1の玉ねぎ大さじ4と太白ごま油・千鳥酢各80ml、砂糖大さじ1と1/2、塩小さじ1/2ほど、黒こしょう少々を加え混ぜる。

鴨ロース 水なす辛子漬け

材料（作りやすい分量）
合鴨むね肉…2枚
塩…少々
玉ねぎ…1個
だし昆布…5g
A
- 水…800ml
- 酒…200ml
- 砂糖…大さじ1と1/2
- 醤油…200ml
- みりん…200ml

水なす辛子漬け（下記）…適量

1 鴨肉は筋や余分な脂を取り除き、フォークで全体に穴をあける。塩をふって15分ほどおき、出てきた水けをふく。
2 玉ねぎは薄切りにする。
3 フライパンを強火で熱し、1を皮目から焼く。しっかり焼き目をつけ、脂を出す。身はさっと焼き、水におとして水けをふく。
4 鍋にだし昆布、A、2を合わせ入れ、火にかける。煮立ったら3を加え、火加減を68℃の状態に調整して40分ほど煮る。火を止め、半日以上おいて味を含ませる。
5 鴨肉を食べやすく切って器に盛り、水なす辛子漬けを添える。

水なす辛子漬け

材料と作り方（作りやすい分量）
1 水なす3個はひと口大に切り、水でさっと洗って水けをしっかりきる。
2 1をボウルに入れ、砂糖大さじ4、塩大さじ1、酢大さじ2と1/2、みりん大さじ1、粉辛子大さじ1を合わせて加え、手でよくもみ込む。表面にぴったりラップをかけ、冷蔵室で半日以上、辛みが出るまでおく。

枝豆擬製豆腐

材料（約22×8×H6cmの型1台分）
枝豆（むき身）…100g
木綿豆腐…300g
卵…3個
油…大さじ1
A
- 砂糖…30g
- 薄口醤油…25ml

1 豆腐はペーパータオルに包み、水きりする。
2 枝豆は粗く刻む。
3 フライパンに油を熱し、枝豆を炒める。油がなじんだら、1を手でくずしながら加えて炒め、水分をとばす。
4 Aを合わせて加え混ぜ、火を止める。
5 卵を割りほぐし、2回に分けて4に加え混ぜ、半熟状にする。
6 型にオーブン用ペーパーを敷き、5を流し入れ、250℃のオーブンで20～30分焼く。
7 粗熱がとれたら型から取り出し、ひと口大に切って器に盛る。

車海老 翡翠なす じゅんさい とめ生姜

材料（作りやすい分量）
車海老…10尾
A
- だし…600ml
- 薄口醤油…50ml
- 塩…少々
- みりん…50ml

旨だし（p.24）…適量
翡翠なす（右記）…適量
じゅんさい（右記）…適量
おろし生姜…適量

1 車海老は頭と背ワタを取って冷水でよく洗って水けをきる。
2 鍋にAを入れ、火にかける。煮立ったら1を加える。再び煮立ったら弱火にし、火が通るまで炊く。完全に冷めたら殻をむき、そのまま煮汁に1時間ほどつけて味を含ませる。
3 器に車海老、翡翠なす、じゅんさいを盛り、旨だしをかけておろし生姜をとめる。

翡翠なす

材料と作り方（作りやすい分量）

1 なす6本はへたと先端を切り落とし、包丁で皮目に数カ所切り込みを入れる。
2 180℃の揚げ油適量で素揚げし、氷水におとして皮をむく。
3 鍋にだし700ml、砂糖大さじ1、薄口醤油・みりん各50mlを入れ、火にかける。煮立ったら2を加えてさっと炊く。
4 鍋底を氷水にあてて急冷し、冷めたらひと口大に切る。

じゅんさい

材料と作り方（作りやすい分量）

> 鍋に湯を沸かし、じゅんさい適量をゆでる。色が変わったら氷水におとし、冷めたらざるにあけて水けをきる。

たことグレープフルーツ 実山椒みぞれ和え

材料（作りやすい分量）
58℃蒸ししたたこ（p.24）…適量
グレープフルーツ…1個
実山椒青煮（右記）…小さじ2
A
- 大根おろし（汁けをきる）…100g
- 砂糖…小さじ1
- 塩…少々
- 千鳥酢…大さじ1
- 太白ごま油…大さじ1

1 グレープフルーツは皮をむき、小房に分けて薄皮をむく。実山椒青煮は粗みじん切りにする。
2 ボウルに1を入れ、Aを加え混ぜ合わせる。
3 58℃蒸ししたたこをひと口大に切り、2で和える。

実山椒青煮

材料と作り方（作りやすい分量）
1 鍋に水400mlと塩大さじ2を入れ、火にかける。ひと煮立ちさせたらそのまま冷ます。
2 別の鍋に塩少々を加えた湯を沸かし、実山椒200gを10分ほどゆでる。氷水におとし、流水に3時間ほどさらしてから枝から1粒ずつ実をはずす。
3 2の水けをきって清潔な瓶に入れ、1を注いで半日ほどつける。
＊ 冷蔵室で約1カ月間保存可。

長芋そうめん　うにのせたたきオクラ

材料（作りやすい分量）
長芋…適量
酢…適量
A
- 水…400ml
- だし昆布…3g
- 塩…小さじ2

旨だし（p.24）…適量
生うに…適量
たたきオクラ（p.24）…適量
おろしわさび…適量

1 長芋は皮をむいて酢水にさらしてアクを抜く。水けをふいて、10cm長さのそうめん状のせん切りにする。
2 ボウルにAを合わせ入れ、1を加えて冷蔵室で1時間ほど冷やしながら味をなじませる。
3 器に2の汁けをきって入れ、旨だしを注いで生うにとたたきオクラを各適量のせ、わさびをとめる。

夏 八寸

加賀太きゅうり煮浸し
糸鰹

鱧おとし
きゅうりジュレ
梅肉（p.32参照）

甘海老紹興酒漬け（p.33参照）

カステラ玉子

蒸し鶏 枝豆白和えソース

蒸し鶏 枝豆白和えソース

材料（作りやすい分量）
鶏むね肉…2枚
A
- 水…800ml
- だし昆布…5g
- 薄口醤油…50ml
- 塩…小さじ1
- みりん…50ml

長ねぎ（青い部分）…適量
生姜…1かけ
枝豆白和え（下記）…適量

1 鶏肉は余分な脂や小骨を取り除く。
2 鍋にA、長ねぎ、生姜を入れ、火にかける。ひと煮立ちしたら火を止める。
3 2に1を加え、68℃のコンベクションオーブンに入れ、40分ほど火を入れる。そのまま冷まし、味を含ませる。
4 3の肉をひと口大に切って器に盛り、枝豆白和えを添える。

枝豆白和え

材料と作り方（作りやすい分量）
1 枝豆適量は塩適量を加えた湯でゆで、さやをはずし、薄皮をむいて100gにする。
2 木綿豆腐300gはペーパータオルに包んで重石をし、水けをしっかりきる。
3 長ねぎ30gはみじん切りにする。
4 フードプロセッサーに2、おろし生姜小さじ1/2、太白ごま油大さじ1、薄口醤油大さじ1と1/2、砂糖小さじ1、塩・こしょう各少々を入れ、なめらかになるまで撹拌する。
5 1、3、4を混ぜ合わせる。

加賀太きゅうり煮浸し 糸鰹

材料（作りやすい分量）
加賀太きゅうり…1本
A
- だし…300ml
- 薄口醤油…大さじ2
- みりん…大さじ2

糸鰹…適量

1 加賀太きゅうりはピーラーで皮をむいてへたを切り落とし、縦半分に切ってスプーンで種を取る。薄切りにして水でさっと洗い、水けをきる。
2 鍋にAを入れて火にかけ、ひと煮立ちしたら1を加えてさっと煮る。火を止め、粗熱がとれたら冷蔵室で1時間以上おいて味を含ませる。
3 器に盛り、糸鰹をとめる。

カステラ玉子

材料（約22×8×H6cmの型1台分）
白身魚すり身（市販）…200g
溶き卵…8個分
A
- 砂糖…60g
- 塩…小さじ1
- みりん…120ml

1 白身魚すり身をフードプロセッサーに入れ、溶き卵を少しずつ加えながらなめらかになるまで撹拌する。
2 Aを加えてさらに撹拌し、なめらかにする。
3 2を濾し器で濾す。型に耐熱のラップを敷いて流し入れ、蒸気の上がった蒸し器に入れる。強火で10分、ある程度ふんわり固まってきたら中火で10分蒸す。冷めたらひと口大に切る。

鱧おとし フルーツトマト きゅうりジュレ 梅肉

材料（作りやすい分量）
鱧…1尾
きゅうり…1本
塩…適量
板ゼラチン…7.5g
A
- だし…360ml
- 薄口醬油…大さじ2
- 千鳥酢…70ml
- みりん…大さじ4

赤梅肉…適量
フルーツトマト…適量
花穂…適量

1 鱧は腹開きで1枚おろしにして中骨、腹骨、背びれを取る。骨切り（p.77・写真1〜3）して2.5cm幅ほどに切り分ける。
2 鍋に湯を沸かし、1％ほどの塩を入れる。網じゃくしに1を皮目を下にして並べ、湯にくぐらせ火を通す。氷水におとし、しっかり冷めたら水けをやさしくふく。
3 板ゼラチンは冷水につけてふやかす。
4 きゅうりは塩ずりしてから水洗いし、へたを落としてすりおろす。汁けはきる。
5 鍋にAを入れ、火にかける。煮立ったら3の水けをしぼって加えて溶かし、鍋底を氷水にあてて冷やし固める。
6 5に4を加え、混ぜ合わせる。
7 フルーツトマトはへたを取り、熱湯にさっとくぐらせ、氷水におとして皮をむく。
8 器に6を入れ、2を盛り合わせる。フルーツトマトをひと口大に切って添え、赤梅肉をとめて花穂を添える。

山芋豆腐
甘海老紹興酒漬け オクラすり流し ふり柚子

材料（18×18×H4cmの流し缶1台分）
大和芋…400g（正味）
板ゼラチン…10g
A
- だし…大さじ6
- 薄口醤油…大さじ2
- みりん…大さじ2

塩…少々
青柚子の皮…少々
甘海老紹興酒漬け（右記）…適量
オクラすり流し（右記）…適量

1 大和芋は皮をむき、すりおろす。
2 板ゼラチンは冷水につけてふやかす。
3 鍋にAを入れ、火にかける。煮立ったら2の水けをしぼって加えて溶かし、1に少しずつ加えて混ぜ合わせる。塩を加え混ぜ、流し缶に入れて冷蔵室で冷やし固め、ひと口大に切る。
4 器にオクラすり流しを入れ、3と甘海老紹興酒漬けを盛り付けて青柚子の皮をすりおろしてふる。

甘海老紹興酒漬け

材料と作り方（作りやすい分量）
1 生姜30gは薄切り、赤唐辛子1本は種を取る。
2 鍋に1と水200ml、紹興酒・酒・醤油・みりん各100ml、砂糖大さじ3を入れ、火にかける。煮立ったら火を止め、そのまま冷ます。
3 甘海老（刺身用）30尾の水けをふき、密閉容器に入れて2を注ぐ。半日ほどつけ、取り出して殻をむく。

オクラすり流し

材料と作り方（作りやすい分量）
1 鍋にだし300ml、薄口醤油・みりん各大さじ1を入れ、火にかける。煮立ったら火を止め、そのまま冷ます。
2 オクラ10本はへたとガクを切り落として塩ずりし、熱湯で30秒ほどゆでて氷水におとす。水けをきって縦半分にし、種とワタを取ってざく切りにする。
3 ミキサーに1、2を入れ、なめらかになるまで攪拌する。

煮穴子炙り きゅうりのパリパリサラダ

材料（作りやすい分量）
煮穴子（p.25）…適量
きゅうり…1本
たくあん…50g
ごぼう漬け（市販）…50g
大葉…3枚
茗荷…適量
白すりごま…大さじ1
塩…少々
おろしわさび…適量

1 きゅうりは塩ずりして水で洗い、へたを切り落として5cm長さのせん切りにする。水にさらし、シャキッとさせて水けをきる。たくあんとごぼう漬けも5cm長さのせん切りにする。大葉、茗荷はせん切りにして水でさっと洗い、水けをきる。
2 ボウルに1を入れ、白ごまを加えてさっと和える。
3 煮穴子はひと口大に切り、皮目をバーナーで炙る。
4 器に3を盛り、2とわさびを添える。

北寄貝湯引き 夏野菜ソース

材料（作りやすい分量）
北寄貝…3個
とうもろこし…1/2本
トマト…1/2個
きゅうり…1/2本
オクラ…3本
水なす…1/4個
らっきょう甘酢漬け…5個
塩…少々
A
- 太白ごま油…大さじ2
- 酢…大さじ2
- 薄口醤油…大さじ1
- はちみつ…大さじ1
- 一味唐辛子…少々

1 とうもろこしは熱湯で30秒ほどゆで、ゆで汁をきって包丁で実をそぐ。トマトは熱湯にくぐらせて氷水にとり、湯むきして5mm角に切る。きゅうりは塩ずりして5mm角に切る。オクラはへたとガクを切り落とし、塩ずりして熱湯でさっとゆでる。氷水におとして水けをふき、5mm角に切る。水なすは5mm角に切って水でさっと洗う。らっきょうはみじん切りにする。

2 ボウルに1を入れてAを加えて和え、冷蔵室で冷やす。

3 北寄貝はそうじをしてひと口大に切り、熱湯でさっとゆでて氷水におとして水けをきる。

4 器に3を盛り、2をかける。

鴨ロース
ごぼうと長ねぎ塩きんぴら
にしんなす
秋
八寸
江戸風玉子焼き

江戸風玉子焼き

材料（作りやすい分量）
卵…8個
A
- だし…120ml
- 酒…大さじ2
- 砂糖…大さじ4
- 醤油…大さじ1

油…適量

1. Aはよく混ぜ合わせる。
2. ボウルに卵を割りほぐし、1を加えて泡立て器でよく混ぜ合わせる。
3. 玉子焼き器に油を熱し、2を1/4量入れて薄く焼く。半分に折りたたんで焼いた底にも卵液を流し、また折りたたむを4回繰り返し、ふっくら焼き上げる。食べやすい大きさに切る。

にしんなす

材料（作りやすい分量）
身欠きにしん（ソフトタイプ）…4本
A
- 番茶…1ℓ
- 酒…100ml

B
- 砂糖…大さじ4
- 醤油…大さじ7
- みりん…大さじ7

なす…4本
茗荷（小口切り）…2個分
油…大さじ3

1 にしんはうろことひれを取り除き、1本を5等分に切る。
2 鍋に1とAを入れ、火にかける。煮立ったらアクと脂を取り除き、弱火にして20分ほど煮てやさしく取り出す。
3 鍋にBと水1ℓを入れ、火にかける。煮立ったら2のにしんを加え、弱火で20分ほど煮る。
4 なすはへた付きのまま縦半分に切り、皮に斜めに切り目を入れる。横半分に切って水でさっと洗い、水けをきる。
5 フライパンに油を熱し、4を油がなじむ程度に炒める。
6 3の鍋に5を加え、アルミホイルで落としぶたをし、15分ほど煮る。途中、水分が減ったら水適量を足す。火を止め、そのまま冷ます。
7 器に6を盛り、茗荷をあしらう。

鴨ロース ごぼうと長ねぎ塩きんぴら

材料（作りやすい分量）
鴨ロース（p.26）…適量
新ごぼう…100g
長ねぎ…1本
A
- 酒…大さじ3
- 砂糖…大さじ1
- 塩…小さじ1

ごま油…大さじ2
一味唐辛子…少々

1 新ごぼうはささがきにし、水でさっと洗って水けをきる。長ねぎは斜め薄切りにする。
2 フライパンにごま油を熱し、1を炒める。しんなりしたらAを加えて炒め合わせ、仕上げに一味唐辛子をふる。
3 鴨ロースを食べやすく切って器に盛り、2を盛り合わせる。

生牡蠣と豆苗のお浸し

材料（作りやすい分量）
生牡蠣…適量
塩…適量
豆苗…適量
（浸し地）
└ だし：薄口醤油：みりん＝12：1：1
すだちの搾り汁…適量
すだち（薄切り）…適量

1 生牡蠣は殻をはずし、1％の塩水でさっと洗って水けをきる。
2 豆苗は4cm長さに切り、熱湯でさっとゆでる。氷水におとし、水けをしっかりしぼる。
3 鍋に浸し地の材料を入れ、火にかける。煮立ったら火を止め、そのまま冷ます。
4 3に2を入れ、1時間以上つける。
5 器に1と4を盛り、すだちの搾り汁をかけてすだちの薄切りを添える。

丸十甘煮

材料（作りやすい分量）
新丸十…3本
A
├ 水…200ml
├ 酒…大さじ2
├ 砂糖…大さじ2
├ 醤油…小さじ1
├ みりん…大さじ1
└ 塩…少々
黒いりごま…適量

1 新丸十はよく洗い、皮ごと1.5cm幅の輪切りにする。面取りをして水に10分ほどさらす。
2 鍋にAと水けをきった1をなるべく重ならないように入れ、火にかける。煮立ったら、落としぶたをして弱火で10分ほど煮る。やわらかくなったら火を止め、そのまま冷ます。
3 器に盛り、黒ごまをふる。
＊ 丸十とはさつまいものこと。

牡蠣生姜風味煮浸し

材料（作りやすい分量）
牡蠣…適量
（浸し地）
└昆布だし：薄口醤油：みりん＝12：1：1
豆苗…適量
万願寺とうがらし（赤）…適量
おろし生姜…適量

1 牡蠣は薄い塩水（分量外）で洗って汚れを落とし、水けをしっかりふく。
2 鍋に浸し地の材料を入れ、火にかける。煮立ったら1を入れてさっと煮、火を止めてそのまま冷ます。
3 豆苗は根元を切り落とし、4cm長さに切る。万願寺とうがらしは縦半分に切って種とワタを取り除き、薄切りにする。ともに熱湯でゆで、氷水におとして水けをしっかりしぼる。
4 2に3を加え、2時間以上つける。
5 器にすべてを盛り付け、牡蠣の上におろし生姜をとめる。

新イクラ醤油漬け 長芋オクラとろろ

材料（作りやすい分量）
生筋子…500g
塩…適量
A
├だし…350ml
├醤油…100ml
└みりん…50ml
長芋…適量
オクラ…適量
塩…適量
青柚子の皮…適量

1 新イクラ醤油漬けを作る。生筋子は塩少々を加えた50℃くらいの湯に入れ、1粒ずつ手でやさしくほぐす。水を3～4回取り替えながらすすぎ、薄皮を取り除く。
2 ざるにあけて塩少々をまぶし、発色させる。冷蔵室で1時間ほどおいて水けをきる。
3 鍋にAを入れ、火にかける。煮立ったらそのまま冷ます。
4 完全に冷めたら2を3の地に半日ほどつける。
5 長芋は皮をむいて包丁でたたいてとろろ状にする。オクラは塩ずりして熱湯でさっとゆで、氷水におとす。水けをふいて小口切りにする。
6 5を、長芋：オクラ＝3：1の割合で合わせ、塩少々を加え混ぜる。
7 器に6を入れ、新イクラ醤油漬け適量をそっとのせて青柚子の皮をすりおろしてふる。

鯛としめじ 山えのき昆布〆

材料（作りやすい分量）
鯛…適量
しめじ…適量
山えのきたけ…適量
昆布…適量
酒…適量
すだち（輪切り）…適量
おろしわさび…適量

1　鯛は3枚におろし、上身にして皮をひく。
2　しめじと山えのきは石づきを落とし、熱湯でさっとゆでる。ざるにあけ、粗熱がとれたらゆで汁をしっかりしぼる。
3　昆布は酒を含ませたペーパータオルで表面をふいて湿らせる。1、2を昆布で挟み、ラップで包んで冷蔵室で1日おく。
4　昆布〆した鯛をひと口大のそぎ切りにし、しめじと山えのきとともに器に盛り合わせ、すだちを添えてわさびをとめる。

柿とラムレーズン白和え

材料（作りやすい分量）
柿…適量
ラムレーズン（下記）…適量
（白和え衣）
- 木綿豆腐…300g
- マスカルポーネチーズ…100g
- 砂糖…大さじ1と1/2
- 塩…小さじ2/3

1　柿は皮をむき、ひと口大に切って薄い塩水（分量外）でさっと洗って水けをしっかりきる。
2　豆腐はしっかり水けをきる。
3　2と白和え衣の残りの材料をフードプロセッサーに入れ、なめらかになるまで攪拌する。
4　1を3で和えて器に盛り、ラムレーズンをちらす。

ラムレーズン

材料と作り方（作りやすい分量）
1　レーズン適量は熱湯で20秒ほどゆでて湯を捨て、からいりしてゆで汁をとばす。
2　保存容器に1を入れ、レーズンがしっかりつかるくらいラム酒を注いで1日以上おく。できれば1週間くらいおくほうがいい。

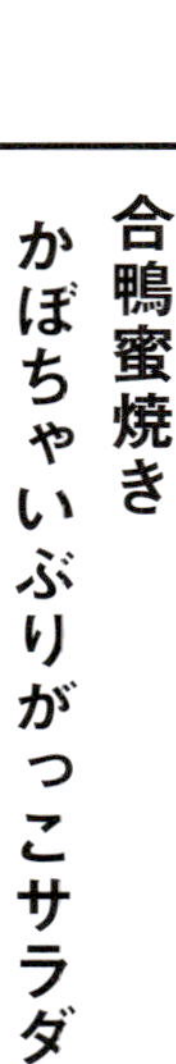

合鴨蜜焼き かぼちゃいぶりがっこサラダ

材料（作りやすい分量）
合鴨むね肉…適量
砂糖・塩…各適量
醤油…適量
かぼちゃいぶりがっこサラダ（右記）…適量
いんげんお浸し（右記）…適量
味付け辛子（右記）…適量

1　鴨肉は余分な脂や皮、筋を取り、小骨があったら取り除く。
2　1に重量の10％の砂糖と1％の塩をもみ込む。完全になじませ、溶かしてから1時間おく。
3　2に10％の醤油をもみ込み、さらに1時間おく。
4　漬け汁の汁けをきって（漬け汁はとっておく）、220℃のオーブンで15分ほど、ミディアムレアに焼く。
5　フライパンを熱し、4の皮目を焼き、焼き目をしっかりつけて取り出す。残った漬け汁を入れ、とろっとするまで煮詰める。
6　5をひと口大に切って器に盛り、煮詰めた漬け汁をかけてかぼちゃいぶりがっこサラダ、いんげんお浸し、味付け辛子を添える。

かぼちゃいぶりがっこサラダ

材料と作り方（作りやすい分量）
1　かぼちゃ200g（正味）はやわらかく蒸してマッシャーでつぶす。
2　1に白みそ60g、生クリーム30mlを加え、なめらかになるまで混ぜ合わせる。いぶりがっこ50gをみじん切りにして加え、混ぜ合わせる。

いんげんお浸し

材料と作り方（作りやすい分量）
1　いんげん適量は洗って4cmほどの長さに切り、熱湯でさっとゆでて氷水におとす。
2　鍋にだし：薄口醤油：みりん＝12：1：1の割合の地を入れ、火にかける。煮立ったらそのまま冷まし、1を1時間以上つける。

味付け辛子

材料と作り方（作りやすい分量）
1　粉辛子150gをぬるま湯でかために練る。ボウルに薄く広げて静かに水を張り、40分おいてアクを抜く。
2　水を捨て、砂糖25g、白みそ50g、酢大さじ2、醤油40mlを加えて混ぜ合わせる。

冬八寸

金時にんじんのサラダ

鶏とごぼうのテリーヌ

ゆり根入り玉子焼き

あん肝うま煮
うるい辛子酢みそがけ

たこの紹興酒漬け

北寄貝湯引き　はっさくジュレ

北寄貝湯引き はっさくジュレ

材料（作りやすい分量）
北寄貝…8個
はっさく…1個
（だしジュレ）
- だし…500ml
- 薄口醤油…50ml
- みりん…50ml
- 板ゼラチン…7.5g

塩…適量

1 板ゼラチンは冷水につけてふやかす。
2 鍋にゼラチン以外のだしジュレの材料を入れ、火にかける。煮立ったら火を止め、1の水けをしぼって加え、溶かす。粗熱がとれたら冷蔵室で冷やし固める。
3 北寄貝は殻からはずし、ひも、水管部分を取り除く。身の内側から包丁を入れて半分にし、内臓をそうじする。ひも、水管、身を塩でもみ洗いし、ぬめりを取る。
4 3を塩を加えた熱湯でさっとゆで、氷水におとす。しっかり冷えたら水けをふいて食べやすい大きさに切る。
5 はっさくは皮と薄皮をむき、食べやすい大きさに切ってボウルに入れる。2のジュレをスプーンでくずして適量加え、混ぜ合わせる。
6 器に4を盛り、5をかける。

たこの紹興酒漬け

材料（作りやすい分量）
ゆでだこの足…2～4本
（漬け地）
- 紹興酒…375ml
- ざらめ糖…100g
- 醤油…125ml
- 水…125ml

A
- にんにく（薄切り）…2片分
- 生姜（薄切り）…2かけ分
- 赤唐辛子…2本

きゅうり甘酢（下記）…適量

1 鍋に紹興酒を入れ、火にかける。煮立ったら、残りの漬け地の材料を加えてひと煮する。
2 密閉容器にAを入れ、1を注ぐ。
3 2にゆでだこを入れて1～3日つけ、食べやすい大きさのそぎ切りにする。
4 器に3、きゅうり甘酢を盛り合わせる。2の汁適量をかけ、Aの赤唐辛子を小口切りにして添える。

きゅうり甘酢

材料と作り方（作りやすい分量）
1 きゅうり適量は蛇腹に包丁を入れ、3%の塩水に30分つける。
2 水・千鳥酢各100ml、砂糖40gを混ぜ合わせ、1の水けをしぼって2時間ほどつける。
3 食べやすい大きさに切る。

鶏とごぼうのテリーヌ

材料（約22×8×H6cmの型1台分）
鶏もも肉…1枚（約250g）
鶏レバー…50g
油…大さじ2
玉ねぎ（薄切り）…1/2個分
ごぼう（粗みじん切り）…1/2本分
A
- 酒…大さじ1
- 醤油…大さじ1

にんにく（薄切り）…1片分
塩…少々
こしょう…少々
みりん…大さじ2
生クリーム…50ml
バター（無塩）…30g
黒こしょう…適宜

1 鶏肉はひと口大に切る。レバーは血合いや余分な脂を取り除いてそうじし、ひと口大に切る。
2 フライパンに油大さじ1を熱し、玉ねぎとごぼうを炒める。しんなりしたらレバーを加え、火が通ったらAを加え混ぜ、火を止めてそのまま冷ます。
3 別のフライパンに残りの油を熱し、鶏肉とにんにくを炒める。鶏肉に火が入りはじめたら塩、こしょうをし、みりんをまわしかける。煮立ったら生クリームを加え、弱火でとろみがつくまで煮詰める。
4 フードプロセッサーに2、3を入れ、なめらかになるまで攪拌する。途中、バターを3回に分けて加え、さらに攪拌する。
5 型にラップを敷いて4を平らに入れる。表面をラップで覆い、冷蔵室で半日ほど冷やし固める。
6 食べやすい大きさに切って器に盛り、好みで黒こしょうをふる。

ゆり根入り玉子焼き

材料（作りやすい分量）
ゆり根…1/2個
卵…4個
A
- だし…大さじ4
- 砂糖…大さじ2
- 醤油…小さじ2

塩…適量
油…適量

1 ゆり根は1片ずつばらし、汚れや砂を落とし、黒ずんでいる部分はけずり取る。塩を加えた熱湯でゆで、ざるにあける。
2 ボウルにAを合わせ入れ、よく混ぜる。卵を割りほぐして加え、よく混ぜる。
3 玉子焼き器に油を熱し、2の1/4量を流し入れ、全体に広げる。1を全体にちらし、卵がほぼ固まったら、奥から手前に半分に折りたたむ。卵焼きを奥に動かし、手前に油少々をぬり、残りの卵液適量を流し入れ、同様に焼く。これを数回繰り返し、最後に全体に焼き色がつくように焼く。
4 まな板に移し、巻きすやペーパータオルで全体を覆い、形を整えて数分休ませてから好みの大きさに切り分けて器に盛る。

あん肝うま煮 うるい辛子酢みそがけ

材料（作りやすい分量）
あん肝…300g
A
- 水…400ml
- 酒…400ml
- 醤油…100ml
- 砂糖…大さじ2
- みりん…100ml

B
- 生姜（せん切り）…10g
- だし昆布…5g

うるい辛子酢みそがけ（下記）…適量

1 あん肝はまわりの膜を取れるところだけそっとはずす。血管、血のかたまりなども取り除いて適当な大きさに切り分ける。
2 ボウルに氷水を張り、1を30分ほどつけけて血抜きする。軽く押さえて中の血も取り除いて水けをふく。
3 鍋にA、Bを入れ、火にかける。煮立ったら2を加え、再び煮立ったら弱火にして10分ほど煮る。火を止め、ペーパータオルをかぶせ、そのまま冷まして1日おく。
4 3をひと口大に切り分け、うるい辛子酢みそがけとともに器に盛り合わせる。

うるい辛子酢みそがけ

材料と作り方（作りやすい分量）
1 うるい1パックは根元を切り落とし、重なっている茎の部分をばらして3cm長さに切る。
2 熱湯に塩少々を加えて1をさっとゆで、氷水に落として水けをしぼる。
3 白玉みそ（p.16）50g、練り辛子小さじ1、酢20mlを混ぜ、辛子酢みそを作って2にかける。

金時にんじんのサラダ

材料（作りやすい分量）
金時にんじん…1/2本
三杯酢ドレッシング（下記）…大さじ3
黒こしょう…適量

1 金時にんじんは皮をむき、マッチ棒くらいの細切りにする。
2 1を三杯酢ドレッシングで和える。
3 器に盛り、黒こしょうをふる。

三杯酢ドレッシング

材料と作り方（作りやすい分量）
> 醤油、みりん、酢、油をすべて同量ずつ混ぜ合わせる。

雲子のすり流し

材料（作りやすい分量）
雲子（鱈の白子）…250g
A
- だし昆布…適量
- 酒…適量

塩…適量
B
- だし…800ml
- 薄口醤油…大さじ3
- みりん…大さじ3

水溶き片栗粉…適量
ぶぶあられ…少々

1 雲子は薄い塩水で洗って血合いや筋を取り除き、ひと口大に切る。
2 鍋に湯を沸かし、Aと塩適量を加える。煮立ったら1を加えてさっとゆで、火を止めてそのまま冷ます。
3 2のゆで汁をきり、濾し器で濾す。
4 鍋にBを入れ、火にかける。煮立ったら水溶き片栗粉で軽くとろみをつけ、3を少しずつ加え混ぜ、なめらかにして塩で味をととのえる。
5 器に盛り、ぶぶあられをちらす。

冬
八寸
あん肝 にらだれがけ
菜の花しらす太白和え
新たけのこ土佐煮 木の芽

新たけのこ土佐煮 木の芽

材料（作りやすい分量）
新たけのこ…適量
米糠…適量
A
├だし：酒：薄口醬油：みりん＝12：1：1：1
└砂糖…少々
鰹削り節…適量
木の芽…適量

1 熱湯に米糠を加え、新たけのこを下ゆでし、皮をむいてそうじする。
2 1を縦半分に切って糠をきれいに洗い流し、もう一度ゆでこぼす。
3 鍋をきれいにし、Aとたけのこを入れ、火にかける。煮立ったら弱火にして20分ほど炊く。そのまま冷まして1日おいて味を含ませる。
4 たけのこをひと口大に切って小鍋に入れ、3の煮汁少々と鰹節を加えて火にかけ、いり煮にする。
5 粗熱がとれたら器に盛り、木の芽をとめる。

あん肝 にらだれがけ

材料（作りやすい分量）
あん肝うま煮（p.46）…適量
A
├にら（小口切り）…50g
├一味唐辛子…少々
├白いりごま…大さじ1
├砂糖…大さじ1
├醬油…大さじ4
├酢…大さじ2
└太香ごま油…大さじ2

1 あん肝うま煮はひと口大に切る。
2 Aは混ぜ合わせ、冷蔵室で1時間以上おく。
3 器に1を盛り、2をかける。

菜の花しらす太白和え

材料（作りやすい分量）
菜の花…適量
（浸し地）
└だし：薄口醬油：みりん＝12：1：1
しらす干し…適量
太白ごま油…適量

1 菜の花は根元を切り、熱湯でかためにゆでて氷水におとし、水けをしっかりしぼる。
2 浸し地の材料を合わせ、1を入れて1時間以上つける。
3 2の汁けを軽くしぼり、2cm長さに切ってしらす干しと太白ごま油でさっと和える。
＊「太白」は竹本油脂の登録商標です。

実家の焼き鳥屋を継ぎ、最初の1年半くらいはお客様が少なく、本当に悔しい思いをした。そこで料理人というのは、いくらおいしい料理を作っても、食べてくれるお客様がいないと、こんなにも虚しいものなのだとあらためて気付かされた。それからはさらに死に物狂いで頑張り、お客様に来てもらうために、ありとあらゆることをやった。その結果、少しずつだが、新しいお客様が来はじめ、気付いたときには毎日満席の地元でもちょっと有名な店になった。自分のやりたい料理も作ることができ、毎日が楽しかった。これで少しは天国の父と母に親孝行できたかなと思った。子どもも2人生まれていたし、このまま地元で誠実にやっていこうと思っていたある日、久しぶりに父の大親友だったおじさんが飲みに来てくれた。

「最近忙しいみたいだねぇ。たいしたもんだ。賢さんも喜んでいるだろうなぁ」

「新しいお客様も増えて、なんとかつぶれずにやれてますよ」

「このままずっとここでやるのか?」

「はい。それが親孝行になると思って」

おじさんはタバコに火をつけ、少し吸った後、ひとりごとのように言った。

「賢さんはお前には銀座とか青山とか、東京の一等地で勝負してほしいって言ってたけどなぁ」

「マジか!?」私は動きが止まった。

「将弘はせっかくいい店で修業できたんだから地元で焼き鳥屋をやるのはもったいない。いいところで和食の店をやってもらって客で食べに行くのが俺の夢だって、賢さんしょっちゅう俺らに言っていたよ」

そんなふうに父が思っていたとは、まったく想像していなかった。実家の焼き鳥屋「とり将」を継いで二代目としてのれんを守るのが親孝行だと思っていたし、父もそれを願っていたと勝手に思っていた。その日から私の心の奥にメラメラと炎が燃え上がった。妻にも「子どももまだ小さいし、そんなに貯金もないけれど、新しい店をやるのはどう思う!?」と、相談した。

「やりたいならやりなよ。まだ若いし、なんとかなるんじゃない。お父さん、お母さんが食べに来たかったようなお店、つくってあげたら」

妻はあっけらかんとしていた。同世代のお客様や料理人の仲間たちも勝負に出ろと背中を押してくれた。

よーし、いっちょやってやるか。父と母がお客さんとして来て喜んでくれるような店。おしゃれで、格好良くて、ちょっとユーモアセンスのある、気軽に日本料理を楽しめる店。路地裏にぽつんとあって、デートで使えば女性もイチコロの、今までになかったタイプの日本料理店。料理は当然おいしくて、わかりやすくおまかせコース1本にしてやろう。頭の中で一気にやりたいお店のイメージがふくらみだした。東京のレストランシーンに殴り込みに行ってきます。2004年の春、実家の焼き鳥屋「とり将」は一旦活動停止とした。

揚げ物

稚鮎の春巻き　クレソン空豆かき揚げ

材料(作りやすい分量)
(稚鮎の春巻き)
- 稚鮎…適量
- 春巻きの皮…適量
- 水溶き片栗粉…適量

(クレソン空豆かき揚げ)
- クレソン…適量
- 空豆…適量
- 薄力粉…適量
- 水…適量

揚げ油…適量
すだち…適量
塩…適量

1 稚鮎は薄い塩水で洗って水けをしっかりふく。
2 春巻きの皮を8等分に切って、1を頭と尾が出るようにして巻く。巻き終わりに水溶き片栗粉をつけ、とめる。
3 クレソンはざく切り、空豆はさやをはずして薄皮をむく。ボウルに同量ずつ入れて混ぜ、薄力粉を全体にまぶす。水を少しずつ加え、まとまるくらいのかたさにする。
4 170℃の揚げ油で2をきつね色に色づくまで揚げる。続いて、3を食べやすい大きさにまとめ、170℃の揚げ油にそっと入れて3～4分揚げる。
5 器に盛り、すだちと塩を添える。

揚げキャベツもち
スナップえんどうおかき揚げ

材料（作りやすい分量）

（揚げキャベツもち）
- 春キャベツ（粗みじん切り）…800g
- 塩…少々
- だし…700ml
- 油…適量
- A
  - 上新粉…400g
  - コーンスターチ…160g
  - 水…300ml
  - 牛乳…300ml
  - 砂糖…大さじ3
  - 塩…大さじ1と1/2
- 上新粉…適量

（スナップえんどうおかき揚げ）
- スナップえんどう…適量
- 薄力粉…適量
- 卵白…適量
- 柿の種（細かくくだく）…適量

揚げ油…適量
塩…適量
レモン…適量

1 鍋に油を熱して春キャベツを入れ、塩をふって炒める。しんなりしたらだしを加え、ひと煮する。
2 Aをよく混ぜ合わせて1に加え、木べらで混ぜながら焦がさないように練る。
3 もち状になったら耐熱のラップを敷いた型（約22×8×H6cm）3台に入れる。蒸気の上がった蒸し器で40分ほど蒸し、そのまま冷ます。
4 スナップえんどうは筋を取り、薄力粉を軽くまぶしつける。卵白を溶きほぐしてくぐらせ、柿の種をしっかりまぶしつけ、170℃の揚げ油で3分ほど揚げる。
5 3はひと口大に切って上新粉をまぶし、170℃の揚げ油で3～4分揚げる。
6 器に4、5を盛り、塩とレモンを添える。

太アスパラおかき揚げ
ほたるいかじゃがいもカステラ揚げ

材料（作りやすい分量）

（太アスパラおかき揚げ）
- グリーンアスパラガス（太め）…適量
- 薄力粉…適量
- 卵白…適量
- 柿の種（細かくくだく）…適量

（ほたるいかじゃがいもカステラ揚げ）
- ほたるいか（ボイル）…400g
- じゃがいも（男爵）…1kg
- A
  - 生クリーム…400ml
  - 卵…9個
  - 砂糖…小さじ2
  - 塩…小さじ2
  - 片栗粉…大さじ4

揚げ油…適量
塩…適量
レモン…適量

1 じゃがいもは皮をむいて適当な大きさに切る。蒸気の上がった蒸し器でやわらかくなるまで蒸し、熱いうちにマッシャーでつぶす。

2 ほたるいかは目、くちばし、軟骨を骨抜きで取ってそうじし、粗く刻む。

3 1にAを加え、なめらかになるまで混ぜ合わせる。2を加え混ぜ、耐熱のラップを敷いた型（約22×8×H6cm）3台に入れる。蒸気の上がった蒸し器で20分ほど蒸し、そのまま冷ます。

4 アスパラは根元を切り、かたい皮をピーラーでむいて食べやすい長さに切って軽く薄力粉をまぶしつける。卵白を溶きほぐしてくぐらせ、柿の種をしっかりまぶしつけ、170℃の揚げ油で3分ほど揚げる。

5 3はひと口大に切って片栗粉適量（分量外）をまぶし、4と同様に揚げる。

6 器に4、5を盛り、塩とレモンを添える。

たけのこから揚げ 芽キャベツおかき揚げ

材料（作りやすい分量）
（たけのこから揚げ）
- たけのこ含め煮（右記）…適量
- 片栗粉…適量

（芽キャベツおかき揚げ）
- 芽キャベツ…適量
- 薄力粉…適量
- 卵白…適量
- 柿の種（細かくくだく）…適量

揚げ油…適量
塩…適量
黒こしょう…適量
すだち…適量

1 たけのこ含め煮はひと口大に切って片栗粉をたっぷりまぶす。
2 芽キャベツは根元のかたい部分を切り落として半分に切り、薄力粉を軽くまぶしつける。卵白を溶きほぐしてくぐらせ、柿の種をしっかりまぶしつける。
3 170℃の揚げ油で1を2〜3分、2は3分ほど揚げる。
4 塩：黒こしょう＝5：1の割合で混ぜ合わせる。
5 器に3を盛り、4とすだちを添える。

たけのこ含め煮

材料と作り方（作りやすい分量）
1 新たけのこ適量は米糠適量を加えた熱湯で下ゆでし、皮をむいてそうじする。
2 1を縦半分に切って糠をきれいに洗い流し、もう一度ゆでこぼす。
3 鍋をきれいにし、だし：酒：薄口醤油：みりん＝12：1：1：1、砂糖少々とたけのこを入れ、火にかける。煮立ったら弱火にして20分ほど炊く。そのまま冷まして1日おいて味を含ませる。

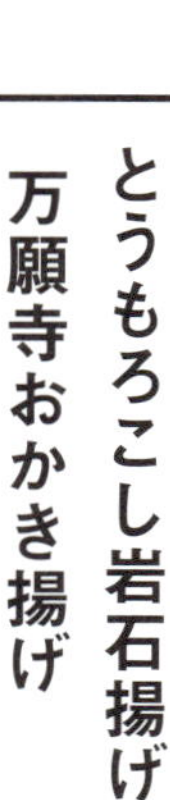

材料（作りやすい分量）

（とうもろこし岩石揚げ）

- とうもろこし…2本
- 卵黄…1個分

（万願寺おかき揚げ）

- 万願寺とうがらし…適量
- 卵白…適量
- 柿の種（細かくくだく）…適量

薄力粉…適量

揚げ油…適量

塩…適量

すだち…適量

1 とうもろこしは包丁で実をそぎ、1粒ずつほぐす。

2 ボウルに1を入れ、卵黄を加えて混ぜ合わせる。薄力粉を少しずつ加え（写真1）、丸められるくらい（写真2）のかたさにまとめる（納豆くらい）。

3 万願寺とうがらしは縦半分に切って種とワタを取ってひと口大に切り、薄力粉を軽くまぶしつける。卵白を溶きほぐしてくぐらせ、柿の種をしっかりまぶしつける。

4 170℃の揚げ油で2と3をそれぞれ2～3分揚げる。

5 器に盛り、塩とすだちを添える。

1

2

とうもろこしカスタード揚げ 太刀魚ビール衣揚げ

1　とうもろこしは包丁で実をそぎ、ミキサーにかけて攪拌し、濾し器で濾す。
2　ボウルにAを入れてすり混ぜ、1、片栗粉を加え混ぜる。
3　牛乳を温め、2に少しずつ加え混ぜる。
4　3を鍋に移し入れて火にかけ、木べらで混ぜながら練る。粉っぽさがなくなり、まとまってきたら耐熱のラップを敷いた型（約22×8×H6cm）に流し入れ、冷蔵室に入れて冷やし固める。
5　太刀魚は3枚におろし、小骨を取ってひと口大に切って塩を薄くあてる。
6　Bを混ぜ合わせて衣を作る。
7　5の水けをふいて薄力粉をまぶし、6にくぐらせる。170℃の揚げ油で3～4分揚げる。
8　4をひと口大に切って薄力粉を軽くまぶしつける。卵白を溶きほぐしてくぐらせ、柿の種をしっかりまぶしつけ、170℃の揚げ油で3分ほど揚げる。
9　器に7、8を盛り、塩とレモンを添える。

材料（作りやすい分量）
（とうもろこしカスタード揚げ）
- とうもろこし…200g（正味）
- A
  - 卵黄…2個分
  - 砂糖…30g
- 片栗粉…100g
- 牛乳…100ml
- 卵白…適量
- 柿の種（細かくくだく）…適量

（太刀魚ビール衣揚げ）
- 太刀魚…1尾
- B
  - ビール…200ml
  - 薄力粉…100g

薄力粉…適量
揚げ油…適量
塩…適量
レモン…適量

鮎フライ 骨せんべい 肝タルタル 新ごぼうから揚げ

材料（作りやすい分量）
鮎…適量
塩…適量
薄力粉…適量
溶き卵…適量
パン粉…適量
揚げ油…適量
酒…適量
マヨネーズ…適量
粉山椒…少々
新ごぼうから揚げ（右記）…適量
レモン…適量

1 鮎は3枚におろす。中骨は血合いを洗い、水けをしっかりふき取る。半日ほど天日で干して乾かす。身は腹骨をすき取って軽く塩をふる。内臓はとっておく。
2 1の身に薄力粉を軽くまぶす。溶き卵、パン粉の順に衣をつけ、170℃の揚げ油で3～4分揚げる。1の中骨はカリッと素揚げし、骨せんべいにする。
3 小鍋に1の内臓を入れ、酒をひたひたに注いで火にかける。煮立ったら弱火にし、10分ほど煮て濾し器で濾してペースト状にする。
4 3の肝ペースト：マヨネーズ＝1：5の割合で混ぜ合わせ、粉山椒を加えて香りをつける。
5 器に2と新ごぼうから揚げを盛り合わせ、塩とレモンを添える。4の肝タルタルは別の小皿に盛り、添える。

新ごぼうから揚げ

材料と作り方（作りやすい分量）
1 新ごぼう3本はひと口大の長めの乱切りにし、水からやわらかくなるまで下ゆでする。
2 鍋にだし600ml、醤油・みりん各50ml、砂糖大さじ2を合わせ入れる。1のゆで汁をきって加え、火にかける。煮立ったらアクをひいて弱火にし、20分ほど炊く。火を止め、そのまま半日以上おいて味を含ませる。
3 2の汁けをふき、片栗粉適量をまぶして170℃の揚げ油適量で3分ほど揚げる。

鱧カツ 梅玉ねぎソース 加賀太きゅうり煮浸し

材料（作りやすい分量）
鱧…1本
塩…少々
葛粉…少々
薄力粉…適量
溶き卵…適量
パン粉…適量
揚げ油…適量
梅玉ねぎソース（右記）…適量
加賀太きゅうり煮浸し（p.31）…適量
すだち…適量

1 鱧は腹開きで1枚おろしにして、中骨、腹骨、背びれを取る。骨切り（p.77・写真1〜3）して20cm幅ほどに切り分け、薄く塩をあてて身のほうに葛粉をまぶす。皮目を外側にして2枚を合わせ、耐熱のラップで包んでバットなどで両側から挟む。
2 蒸気の上がった蒸し器にバットごと入れ、弱火で10分ほど蒸す。冷めたらラップをはずす。
3 水けをよくふき、薄力粉を軽くまぶしつける。溶き卵、パン粉の順に衣をつけ、170℃の揚げ油で5〜6分揚げ、ひと口大に切る。
4 器に3を盛り、梅玉ねぎソースを流し入れて加賀太きゅうり煮浸しとすだちを添える。

梅玉ねぎソース

材料と作り方（作りやすい分量）
1 玉ねぎ1個は薄切りにし、フライパンに太白ごま油大さじ1を熱し、塩少々をふってしんなりするまで炒める。
2 梅干し2個は種を取り、果肉をちぎる。鍋に入れ、だし100ml、薄口醤油・みりん各小さじ2を加えてさっと煮る。
3 ミキサーに1と2を入れ、ピュレ状になるまで攪拌する。

万願寺とうがらし天ぷら　ジャンボしいたけおかき揚げ

材料（作りやすい分量）
（万願寺とうがらし天ぷら）
- 万願寺とうがらし…適量
- A
  - 卵黄…1個分
  - 冷水…150ml
  - 薄力粉…適量

（ジャンボしいたけおかき揚げ）
- ジャンボしいたけ…適量
- 卵白…適量
- 柿の種（細かくくだく）…適量

薄力粉…適量
揚げ油…適量
塩…適量
すだち…適量

1　万願寺とうがらしはへたを取って縦半分に切り、種を取って食べやすい長さに切る。
2　Aの卵黄と冷水を混ぜ合わせ、薄力粉を加えてさっくり混ぜ、衣を作る。
3　ジャンボしいたけは軸を切り落とし、かさを4等分に切る。
4　1は薄力粉を軽くまぶして2にくぐらせ、170℃の揚げ油で2～3分揚げる。3は薄力粉を軽くまぶし、卵白を溶きほぐしてくぐらせ、柿の種をしっかりまぶしつけて170℃の揚げ油で3～4分揚げる。
5　器に4を盛り合わせ、塩とすだちを添える。

蓮根と胡桃の揚げまんじゅう
舞茸おかき揚げ

材料(作りやすい分量)
(蓮根と胡桃の揚げまんじゅう)
- 蓮根…500g
- 胡桃…100g
- A
  - 卵…1個
  - 砂糖…小さじ2
  - 塩…小さじ1
  - 片栗粉…大さじ2
- ごま油…大さじ1
- 上新粉…適量

(舞茸おかき揚げ)
- 舞茸…適量
- B
  - 薄力粉…適量
  - 卵白…適量
  - 柿の種(細かくくだく)…適量

揚げ油…適量
塩…適量
すだち…適量

1. 蓮根は皮をむいてすりおろし、Aを加えて混ぜ合わせる。
2. 胡桃は粗みじん切りにする。フライパンにごま油を熱し、胡桃を炒める。香りが立ったら1を加え、木べらで練り上げる。おもちくらいのかたさになったらバットに移して冷ます。
3. 2の粗熱がとれたらひと口大に丸め、上新粉をまぶして170℃の揚げ油で3〜4分揚げる。
4. 舞茸はひと口大にほぐし、Bの薄力粉をまぶす。卵白を溶きほぐしてくぐらせ、柿の種をしっかりまぶしつけて170℃の揚げ油で3分ほど揚げる。
5. 器に3、4を盛り、塩とすだちを添える。

揚げ牡蠣しんじょう あわびたけおかき揚げ

材料（作りやすい分量）

（牡蠣しんじょう）

- 白身魚すり身（市販）…500g
- 牡蠣（むき身）…250g
- A
  - 合わせだし：薄口醤油：みりん ＝10：1：1
- 片栗粉…適量
- B
  - 卵白…1個分
  - 塩…ひとつまみ
  - 牡蠣地…300ml

（あわびたけおかき揚げ）

- あわびたけ…4個
- 薄力粉…適量
- 卵白…2個分
- 柿の種（細かくくだく）…200g

揚げ油…適量

塩…適量

すだち…適量

1 牡蠣しんじょうを作る。鍋にAを合わせ入れ、火にかける。煮立ったら牡蠣を加えてひと煮し、そのまま冷ます。冷めたら牡蠣を引き上げ、汁けをふいて親指の爪くらいの大きさに切って片栗粉をまぶす。

2 フードプロセッサーに白身魚すり身、Bの卵白、塩、牡蠣地（1の煮汁）を入れ、なめらかになるまで攪拌する（すり身の状態によって牡蠣地の量は調整する）。

3 2をボウルに移し入れ、1を加えて牡蠣が全体に行き渡るまで混ぜる。型（約22×8×H6cm）2台に耐熱のラップを敷いて入れ、蒸気の上がった蒸し器で20～30分蒸す。

4 3を冷蔵室に入れて冷やし、食べやすい大きさに切る。片栗粉をまぶし、170℃の揚げ油できつね色になるまで揚げる。

5 あわびたけおかき揚げを作る。あわびたけは、食べやすい大きさに切って薄力粉をまぶす。卵白を溶きほぐしてくぐらせ、柿の種をしっかりまぶしつけて170℃の揚げ油できつね色になるまで揚げる。

6 器に4、5を盛り合わせ、塩とすだちを添える。

ふぐの中落ちから揚げ

材料（作りやすい分量）
ふぐの中落ち、あら等…適量
A
- 酒…50ml
- 醤油…50ml
- みりん…50ml

片栗粉…適量
揚げ油…適量
塩…適量
すだち…適量

1 ふぐの中落ち、あらは食べやすい大きさに切って血や汚れをしっかり洗い、水けをふく。
2 Aを混ぜ合わせ、1を入れて1時間ほどつける。
3 2の汁けをふき取り、片栗粉をまぶす。170℃の揚げ油できつね色になるまで揚げる。
4 器に盛り、塩とすだちを添える。

鰆のじゃがいも衣揚げ 三つ葉のそばがき揚げ

材料（作りやすい分量）

（鰆のじゃがいも衣揚げ）
- 鰆…適量
- じゃがいも…適量
- 塩…適量
- 薄力粉…適量
- 卵白…適量

（三つ葉のそばがき揚げ）
- A
  - そば粉…500g
  - 砂糖…大さじ1
  - 塩…小さじ1
- 水…700ml
- 三つ葉…1わ

揚げ油…適量
塩…適量
すだち…適量

1 鰆のじゃがいも衣揚げを作る。鰆は3枚におろし、上身にして皮をひく。ひと口大に切って薄く塩をあてる。
2 じゃがいもは皮をむき、みじん切りにする。水に30分ほどさらし、水けをしっかりふき、ざるに広げて冷蔵室で1時間ほどおいて乾かす。
3 1に薄力粉をまぶしつける。卵白を溶きほぐしてくぐらせ、2をしっかりまぶしつけ、170℃の揚げ油で3～4分揚げる。
4 三つ葉のそばがき揚げを作る。三つ葉は5mm長さに切る。
5 鍋にAを入れ、分量の水を少しずつ加えながら混ぜ合わせる。火にかけ、木べらで練りながら火を入れる。もち状になってきたら三つ葉を加え混ぜ、火を止めてそのまま冷ます。
6 5をひと口大に丸め、170℃の揚げ油で3～4分揚げる。
7 3、6を器に盛り合わせ、塩とすだちを添える。

お椀

焼きたけのこしんじょう
わかめ わらび 木の芽

材料（作りやすい分量）
たけのこ含め煮（p.58）…適量
白身魚すり身（市販）…500g
煮切り酒…180ml
卵黄…3個分
太白ごま油…180ml
A
├卵白…1個分
└塩…少々
片栗粉…適量
わらびお浸し（右記）…適量
わかめ含め煮（右記）…適量
木の芽…適量
吸い地（p.9）…適量

1 たけのこ含め煮は1.5cm角に切ってバーナーで炙って焼き目をつける。
2 フードプロセッサーに白身魚すり身を入れ、煮切り酒を少しずつ加えながらなめらかになるまで攪拌する。
3 ボウルに卵黄を入れ、太白ごま油を少しずつ加えながら泡立て器で混ぜ合わせ、乳化させてマヨネーズ状にする。
4 2に3、Aを少しずつ加え混ぜ、なめらかになるまで攪拌する。
5 4をボウルに取り、片栗粉を加え混ぜ、一人前50gくらいを目安に丸取りする。耐熱のバットに並べ、蒸気の上がった蒸し器で20分ほど蒸す。
6 椀に5、わらびお浸し、わかめ含め煮を入れ、木の芽をとめて熱々に温めた吸い地を張る。

わらびお浸し

材料と作り方（作りやすい分量）
1 わらび適量は根元を切り、重曹をまぶして熱湯を注いで1日おいてアクを抜く。流水に最低2時間さらす。
2 だし：薄口醤油：みりん＝12：1：1の浸し地に2時間〜ひと晩つけ、味を含ませる。

わかめ含め煮

材料と作り方（作りやすい分量）
1 わかめ適量は水でもどしてそうじし、食べやすい大きさに切る。
2 鍋にだし：醤油：みりん＝14：1：1を入れ、火にかける。煮立ったら1を加えてさっと炊く。鍋底を氷水にあてて冷やしながら味を含ませる。

鮎並酒蒸し 新たけのこ わかめ 木の芽 桜花塩漬け

1 鮎並は上身にして小骨を抜き、一人前40gくらいに切り分ける。皮目に包丁目を入れ、薄く塩をあてて酒をふる。蒸気の上がった蒸し器で4～5分蒸す。

2 たけのこ含め煮とわかめは食べやすい大きさに切って温める。

3 桜花塩漬けは水につけ、塩抜きする。水けをふき取り、ラップをせずに電子レンジ（600w）で15秒ほど加熱し、花びらを開かせて乾かす。

4 椀に1、2を盛り、木の芽と桜花塩漬けをとめて熱々に温めた吸い地を張る。

材料（作りやすい分量）
鮎並（あいなめ）…適量
たけのこ含め煮（p.58）…適量
わかめ（もどしたもの）…適量
桜花塩漬け…適量
塩…適量
酒…適量
木の芽…適量
吸い地（p.9）…適量

穴子しんじょう 新ごぼう沢煮椀 青柚子

材料（作りやすい分量）
煮穴子（p.25）…500g
片栗粉…適量
白身魚すり身（市販）…500g
煮切り酒…180ml
卵黄…3個分
太白ごま油…180ml
A
├卵白…1個分
└塩…少々
新ごぼう沢煮（右記）…適量
青柚子の皮…適量
吸い地（p.9）…適量

1 煮穴子はひと口大に切って片栗粉を薄くまぶす。
2 フードプロセッサーに白身魚すり身を入れ、煮切り酒を少しずつ加えながらなめらかになるまで攪拌する。
3 ボウルに卵黄を入れ、太白ごま油を少しずつ加えながら泡立て器で混ぜ合わせ、乳化させてマヨネーズ状にする。
4 2に3、Aを少しずつ加え混ぜ、なめらかになるまで攪拌する。
5 4をボウルに取り、1を加えてやさしく混ぜ合わせ、一人前50gくらいを目安に丸取りする。バットに並べ、蒸気の上がった蒸し器に入れ、15〜20分蒸す。
6 椀に5と新ごぼう沢煮を入れ、青柚子の皮をとめ、熱々に温めた吸い地を張る。

新ごぼう沢煮

材料と作り方（作りやすい分量）
1 新ごぼう100gはささがきにし、水でさっと洗って水けをきる。にんじん50gは4cm長さのせん切り、三つ葉の茎10本は4cm長さに切る。
2 鍋に吸い地（p.9）適量を入れ、火にかける。煮立ったら1を合わせて加え、さっと煮る。

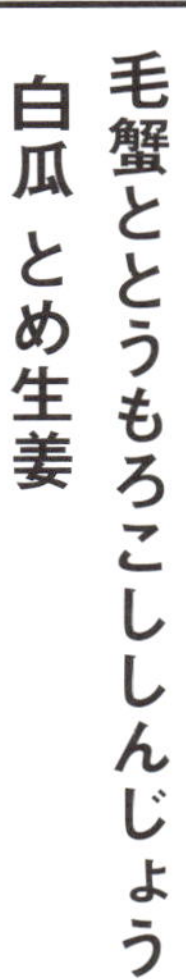

毛蟹ととうもろこししんじょう 白瓜 とめ生姜

材料（作りやすい分量）
毛蟹（むき身）…300g
とうもろこし…200g（正味）
白身魚すり身（市販）…500g
煮切り酒…180ml
卵黄…3個分
太白ごま油…180ml
A
├卵白…1個分
└塩…少々
白瓜煮浸し（右記）…適量
青柚子の皮…少々
おろし生姜…適量
吸い地（p.9）…適量

1　とうもろこしは包丁で実をそぐ。
2　フードプロセッサーに白身魚すり身を入れ、煮切り酒を少しずつ加えながらなめらかになるまで攪拌する。
3　ボウルに卵黄を入れ、太白ごま油を少しずつ加えながら泡立て器で混ぜ合わせ、乳化させてマヨネーズ状にする。
4　2に3、Aを少しずつ加え混ぜ、なめらかになるまで攪拌する。
5　4をボウルに取り、毛蟹と1を加えてやさしく混ぜ合わせ、一人前50gくらいを目安に丸取りする。バットに並べ、蒸気の上がった蒸し器に入れ、15〜20分蒸す。
6　椀に5と白瓜煮浸しを入れ、おろし生姜をとめ、青柚子の皮をすりおろしてふり、熱々に温めた吸い地を張る。

白瓜煮浸し

材料と作り方（作りやすい分量）
1　白瓜1本は塩ずりし、水でさっと洗う。両端を切り落とし、芯抜き器で種をくりぬいて薄い輪切りにする。
2　鍋にだし200ml、薄口醤油・みりん各20mlを入れ、火にかける。煮立ったら1を加えてさっと煮、鍋底を氷水にあてて冷やしながら味を含ませる。

鱧葛打ち 賀茂なす
じゅんさい 青柚子 とめ梅肉

材料（作りやすい分量）

（鱧葛打ち）
- 鱧…１本
- 塩…適量
- 葛粉…適量

（賀茂なす）
- 賀茂なす…２本
- A
  - だし…600ml
  - 薄口醤油…40ml
  - みりん…40ml
  - 塩…少々
- 揚げ油…適量

じゅんさい…適量
青柚子の皮…適量
赤梅肉…適量
吸い地（p.9）…適量

1　鱧は腹開きで１枚におろし、中骨、腹骨、背びれを取る。骨切りして（写真１～3）ひと切れを60～70gくらいに切り分けて（写真４～5）両面に薄く塩をあて、15分ほどおく。

2　フードプロセッサーで葛粉を細かくし、１の身のほうに刷毛で薄くまぶす（写真6）。

3　鍋に湯を沸かし、塩少々を加えて２を皮目から入れる。身が花びらのように開いて火が入ったら、冷水にとって皮のぬめりを指の腹でやさしくこすり取る。水けをきって器におく。

4　賀茂なすは皮を薄くむいてひと口大に切る。水けをしっかりふき、170℃の揚げ油で素揚げする。八割がた火が通ったら引き上げ、熱湯にくぐらせて油抜きする。

5　鍋にＡを合わせ入れ、火にかける。煮立ったら４を加えてさっと炊き、火を止める。鍋底を氷水にあてて冷やしながら味を含ませる。

6　じゅんさいは熱湯でさっとゆで、ゆで汁をきる。

7　３の鱧と５の賀茂なすを温め、椀に盛る。じゅんさいを加えて鱧の上に青柚子の皮と赤梅肉をとめ、熱々に温めた吸い地を張る。

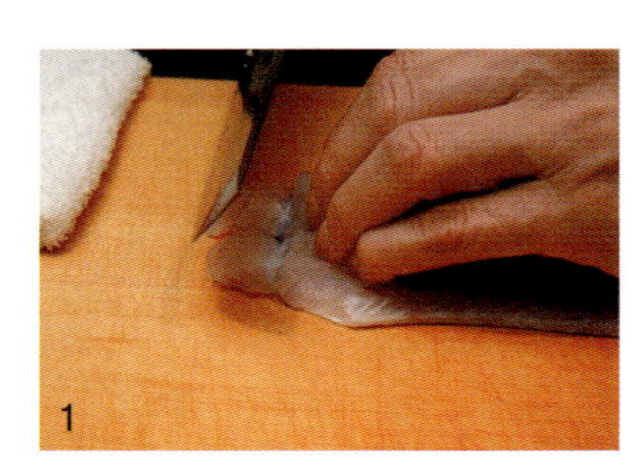
1

2

3

4

5

6

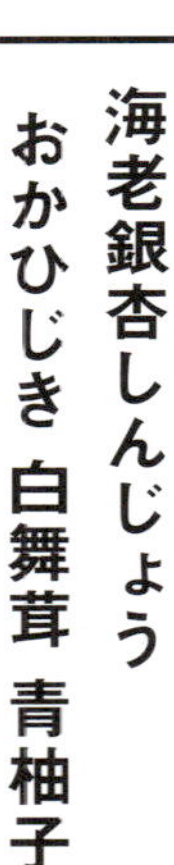

海老銀杏しんじょう おかひじき 白舞茸 青柚子

材料（作りやすい分量）
むき海老…500g
白身魚すり身（市販）…500g
煮切り酒…180ml
卵黄…3個分
太白ごま油…180ml
A
├卵白…1個分
└塩…少々
銀杏（薄皮をむいてさっとゆでたもの）…200g
おかひじきのお浸し（右記）…適量
白舞茸の含め煮（右記）…適量
青柚子の皮…適量
吸い地（p.9）…適量

1 海老は背ワタを取り、片栗粉と酒を各適量（分量外）もみ込み、汚れを落とす。水でさっと洗い、水けをふく。
2 フードプロセッサーに白身魚すり身を入れ、煮切り酒を少しずつ加えながらなめらかになるまで攪拌する。
3 ボウルに卵黄を入れ、太白ごま油を少しずつ加えながら泡立て器で混ぜ合わせ、乳化させてマヨネーズ状にする。
4 2に3、Aを少しずつ加え混ぜ、なめらかになったら1を加えて粒が残るくらいにさらに攪拌する。
5 4をボウルに取り、銀杏を半分に切って加え混ぜ、一人前50gくらいを目安に丸取りする。耐熱のバットに並べ、蒸気の上がった蒸し器で20分ほど蒸す。
6 椀に5、おかひじきのお浸し、白舞茸の含め煮を入れ、青柚子の皮をとめて熱々に温めた吸い地を張る。

おかひじきのお浸し

材料と作り方（作りやすい分量）
1 おかひじき適量は3cm長さほどに切り、熱湯でさっとゆでて氷水におとす。
2 鍋にだし：薄口醤油：みりん＝12：1：1の割合の地を入れ、火にかける。煮立ったらそのまま冷まし、1を1時間以上つける。

白舞茸の含め煮

材料と作り方（作りやすい分量）
1 白舞茸適量はひと口大にほぐす。
2 鍋にだし：薄口醤油：みりん＝14：1：1の割合の地を入れ、火にかける。煮立ったら1を加えてさっと炊き、そのまま冷まして1時間以上おく。

鱧 松茸 車海老 小鍋仕立て

材料（作りやすい分量）
鱧…適量
車海老…適量
松茸…適量
ほうれん草…適量
塩…適量
吸い地（p.9）…適量
すだち…適量

1 鱧は腹開きで1枚におろし、中骨、腹骨、背びれを取る。骨切り（p.77・写真1～3）して5～6cm幅に切り分ける。
2 鍋に湯を沸かし、塩少々を加えて1を皮目を下にして網じゃくしに並べてくぐらせる。鱧が丸まったら取り出す。
3 車海老は頭ごと背ワタを取り、2の鍋の湯で火が通るまでゆで、殻をむく。
4 松茸はそうじし、食べやすい大きさに切る。
5 ほうれん草は熱湯でさっとゆで、氷水におとして水けをしっかりしぼって4cm長さに切る。
6 2の鱧の表面をバーナーで炙る。
7 小鍋に吸い地を張り、火にかける。6、3、4、5を加えてさっと煮、すだちを添える。

帆立焼き目しんじょう いんげんお浸し ジャンボしいたけ

材料（作りやすい分量）
帆立貝柱…適量
片栗粉…適量
白身魚すり身（市販）…500g
煮切り酒…225ml
卵白…1個分
A
- 大和芋（すりおろす）…90g
- 塩…小さじ1
- 浮粉…小さじ1

いんげんお浸し（p.42）…適量
ジャンボしいたけの炊いたの（右記）…適量
青柚子の皮…適量
吸い地（p.9）…適量

1 帆立は塩水（分量外）で洗って水けをふき、直火で炙って焼き目をつける。ひと口大に切って片栗粉をまぶす。
2 フードプロセッサーに白身魚すり身を入れ、煮切り酒を少しずつ加えながらなめらかになるまで攪拌する。
3 卵白をメレンゲ状に泡立て、Aとともに2に加えて混ぜ合わせる。
4 3に1適量を加え、適当な大きさに丸取りする。耐熱のバットに並べ、蒸気の上がった蒸し器で12～15分蒸す。
5 椀に4、いんげんお浸し、ジャンボしいたけの炊いたのを入れ、青柚子の皮をとめて熱々に温めた吸い地を張る。

ジャンボしいたけの炊いたの

材料と作り方（作りやすい分量）
1 ジャンボしいたけ適量は軸を切り落とし、4等分に切る。
2 鍋にだし：薄口醤油：みりん＝14：1：1を入れ、火にかける。煮立ったら1を入れてさっと炊いて火を止め、そのまま冷まして味を含ませる。

お椀　秋

聖護院だいこん含め煮 海老つくね 水菜 しいたけ 黄柚子

材料（作りやすい分量）
聖護院だいこん…1/6個
ご飯…80g
A
└だし：薄口醬油：みりん
　＝12：1：1
水菜…1わ
しいたけ…4個
はんぺん…100g
海老…100g
卵黄…1個分
油…大さじ2
B
├だし…適量
├酒…適量
├薄口醬油…適量
└塩…適量
塩…適量
片栗粉…大さじ1
黄柚子の皮…適量

1 聖護院だいこんは厚めに皮をむき、椀に合わせ適当な大きさに切り出して面取りする。
2 鍋に1とご飯を入れ、水をかぶるくらい加えて火にかける。串がすっと通るくらいまで下ゆでし、水にとってご飯のぬめりを洗い、水けをふく。
3 別の鍋にA適量と2の聖護院だいこんを入れ、火にかける。煮立ったら弱火にし、10分ほど煮る。火を止め、そのまま冷まし、味を含ませる。
4 水菜は根を落とし、3cm長さほどに切る。塩少々を加えた熱湯でゆで、氷水にとって水けをしぼる。A適量を煮立たせ、冷めてから水菜を加えてつける。
5 しいたけは食べやすい大きさに切ってA適量でさっと炊き、そのまま冷まして味を含ませる。
6 はんぺんは細かくちぎってボウルに入れ、ゴムべらでつぶしてなめらかにする。
7 海老は殻をむき、背ワタを取る。粗みじん切りにして6と合わせる。
8 別のボウルに卵黄を入れ、油を少しずつ加えながら泡立て器で攪拌し、乳化させる。
9 7のボウルに8、塩ひとつまみ、片栗粉を加え、なめらかになるまで練り合わせる。
10 鍋にBを入れ、火にかける。煮立ったら9を食べやすい大きさに丸取りして加え、弱火で5分ほど煮る。ふっくらして浮き上がってきたらいったん取り出す。
11 椀に、温めた3、10、4、5を盛る。黄柚子の皮をとめ、10のだしを張る。

牡蠣しんじょう 春菊浸し とめ生姜

材料（作りやすい分量）
牡蠣…適量
片栗粉…適量
白身魚すり身（市販）…500g
煮切り酒…225ml
卵白…1個分
A
- 大和芋（すりおろす）…90g
- 塩…小さじ1
- 浮粉…小さじ1

春菊浸し（右記）…適量
おろし生姜…適量
吸い地（p.9）…適量

1 牡蠣は薄い塩水（分量外）で洗って、水けをふく。大きければ、食べやすい大きさに切って片栗粉をまぶす。
2 フードプロセッサーに白身魚すり身を入れ、煮切り酒を少しずつ加えながらなめらかになるまで攪拌する。
3 卵白をメレンゲ状に泡立て、Aとともに2に加えて混ぜ合わせる。
4 3に1適量を加え、適当な大きさに丸取りする。耐熱のバットに並べ、蒸気の上がった蒸し器で12～15分蒸す。
5 椀に4と春菊浸しを入れる。しんじょうの上におろし生姜をとめて熱々に温めた吸い地を張る。

春菊浸し

材料と作り方（作りやすい分量）
1 春菊適量は塩少々を加えた熱湯でさっとゆで、氷水におとして水けをしっかりしぼり、4cm長さに切る。
2 長ねぎ適量は斜め薄切りにする。鍋にだし：薄口醤油：みりん＝12：1：1を入れ、火にかける。煮立ったら長ねぎを加えてさっと煮て火を止める。
3 2が冷めたら1を加え混ぜ、1時間以上おいて味を含ませる。

お造り

お造りについて

「刺身の切り方」

鯛や鰆などの白身は、包丁を斜めにし、断面を薄くそぐように切るそぎ切りや、さくに対して包丁を右斜めに寝かせ、魚の繊維に沿ってそぐように切るへぎ造りにすることで白身独特の弾力が生かされます。まぐろや鰹などといった繊維に沿って切り方が変わってくるものは、さくに対して右奥から包丁の刃元を入れ、刃先まで一気に手前に引いて切る平造りにします。いかはそうめんのように細切りにする以外は、両面に薄く切り目を入れ、そのときどきで大きさを考え切ります。2.5cm幅くらいに切ってから丸めて盛り付けることも。鱧の骨切りは、プロは１寸（約3cm）の間に25本包丁目を入れるというくらい大変なもの。最初はゆっくりでいいので、しっかり骨を切るということから慣れていくといいです。まずは鱧の頭のほうを右にし、手前から奥に向かって刃を入れます。骨切りは鱧切り包丁の重さで骨を切るのであって、自分の力で切ろうとすると皮まで切ってしまうので注意してください。ふぐは包丁の根元から刃先までを使い、包丁を斜めに倒し、一手で極々薄く身を引きます（器の模様が透けるくらいに極薄く）。１枚引くごとに、器を回転させながら均等の幅にのせ、花のように盛り付けます。

「器と盛り付け」

日本料理では、縁起がいいとされている奇数を基本に3、5枚ずつといったように盛り付けます。器内の位置としては、青背や貝類は手前右側。わさびは右手前におき、その横に薬味を添えます。器の形にもよりますが、左奥を高く盛り付け、右手前を低くするのが基本。頭といって、メインになるものは奥に盛り付けます。頭になる魚は鯛などの白身が中心。また、左奥に大根のけんをおくことが多いですが、賛否両論では季節の野菜を盛り付けています。たいてい、器と盛り付ける魚で季節感を演出できますが、そこにお造りとともにおいしくいただける野菜を加えることでさらに季節の味わいを感じてもらえるようになっています。春なら桜の花びらに見立てた大根と菜の花のお浸しといったふうに。さらにもう一言付け加えると、真ん中にキュッと盛り付けることでより格好良く、まとまって見えます。

言うまでもなく器は季節の素材とともに、それぞれの移ろいゆく季節を演出する重要な役割を果たすもの。日本ならではの細やかな季節の移り変わりを感じていただけるよう季語や旬の素材との色合わせも含め、ていねいに、かつ楽しみながら器選びをしています。

「器は季節感のあるものを使い、より一層、季節を演出する」

春

日本料理では植物をモチーフにした器がよく用いられます。春は桜、夏前の菖蒲やあじさいなど、季節を思い、感じる植物とともに旬のものを味わうのは、日本料理ならではの美学だと思います。

夏

夏は青笹、青紅葉、朝顔。涼を演出するためにガラスの器を用いることもあります。氷を敷き詰めるといった手法もありますが、私は青磁や白磁、銀などの器で、夏の涼を演出することが多いです。

秋

重陽の節句がある秋は、菊はもちろん、紅く染まった紅葉などが描かれた器をよく使います。また、夏の薄手の器から少しずつぽってりとした土ものへと移行していくのもこの頃です。

冬

雪景色や、雪化粧した雪笹や寒椿などといった植物が多く登場するのが冬。ふぐのときは器の柄が美しく透けて見えるように、あえて柄重視で器を選ぶようにしています。

鰆 本まぐろ しまあじ たけのこ醬油

材料（作りやすい分量）
鰆…適量
本まぐろ…適量
しまあじ…適量
紅芯大根…適量
菜の花お浸し（p.49）…適量
むらめ…適量
おろしわさび…適量
造り醬油（p.173）…適量
たけのこ醬油（p.175）…適量

1 鰆は上身にしてから平造りにし、皮目をバーナーで炙る。
2 まぐろとしまあじも平造りにする。
3 紅芯大根は花びら形に抜く。
4 器に菜の花お浸し、1、2を盛り、3をあしらい、むらめとわさびを添える。別の器に造り醬油とたけのこ醬油をそれぞれ入れ、添える。

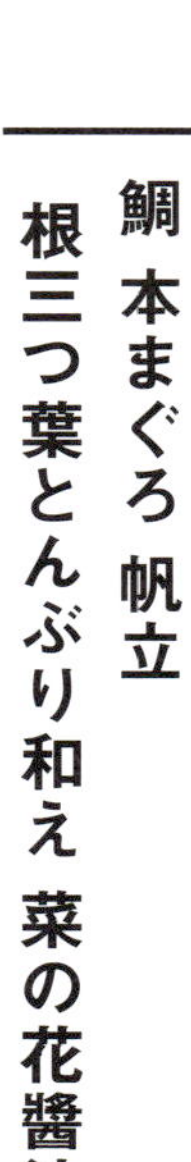

鯛 本まぐろ 帆立
根三つ葉とんぶり和え 菜の花醬油

材料（作りやすい分量）
鯛…適量
本まぐろ…適量
帆立貝柱…適量
根三つ葉…適量
塩…適量
（漬け地）
└ だし：薄口醬油：みりん＝12：1：1
きゅうり…適量
A
├ とんぶり…適量
└ 太白ごま油…適量
むらめ…適量
おろしわさび…適量
造り醬油（p.173）…適量
菜の花醬油（p.175）…適量

1 鯛、まぐろは平造りにする。帆立は半分に切る。
2 根三つ葉は根元を落とし、4cm長さに切る。塩少々を加えた熱湯でさっとゆで、氷水におとして水けをしっかりしぼる。
3 鍋に漬け地の材料を入れ、火にかける。煮立ったら火を止め、そのまま冷ます。
4 3に2を1時間以上つける。汁けをしぼり、Aで和える。
5 きゅうりはかつらむきにして斜め細切りにして水にさらし、よりきゅうりにする。
6 器に1、4、5を盛り、むらめとわさびを添える。別の器に造り醬油と菜の花醬油をそれぞれ入れ、添える。

かわはぎ 肝醤油和え 芽ねぎ

材料（作りやすい分量）
かわはぎ…適量
酒…適量
A
- 造り醤油（p.173）…適量
- 太白ごま油…適量

芽ねぎ…適量

1 かわはぎは3枚におろし、上身にして小骨を取る。
2 かわはぎの肝を酒で洗い、汁けをしっかりふく。包丁でたたいてペースト状にし、Aと混ぜ合わせる。
3 芽ねぎは1cm長さに切る。
4 1を2で和えて器に盛り、3をとめる。

鯛 鰹 しまあじ
おかひじき セロリ醤油

材料（作りやすい分量）
鯛…適量
鰹…適量
しまあじ…適量
おかひじき…適量
白いりごま…適量
酢飯（p.92）…適量
マイクロトマト…適量
花穂…適量
おろしわさび…適量
味付け辛子（p.42）…適量
紅たで…適量
造り醤油（p.173）…適量
セロリ醤油（p.177）…適量

1 鯛はへぎ造り、鰹としまあじは平造りにし、しまあじは皮目に斜めに包丁を入れる。
2 おかひじきは5cm長さに切り、塩少々（分量外）を加えた熱湯でゆでて、氷水におとす。水けをしっかりしぼり、白ごまを加え混ぜる。
3 器に鯛、鰹、しまあじを盛り、おかひじき、マイクロトマト、花穂、わさび、味付け辛子、紅たでを添える。酢飯をひと口大に丸めて添え、別の器に造り醤油とセロリ醤油をそれぞれ入れ、添える。

鯛 本まぐろ あおりいか ゴーヤー醤油

材料（作りやすい分量）
鯛…適量
本まぐろ…適量
あおりいか…適量
茗荷竹…適量
おろしわさび…適量
花穂…適量
紅たで…適量
酢飯（右記）…適量
造り醤油（p.173）…適量
ゴーヤー醤油（p.177）…適量

1 鯛はへぎ造り、まぐろは平造りにし、あおりいかは両面に包丁目を入れてひと口大に切る。
2 茗荷竹は笹打ちにする。
3 器に鯛、まぐろ、あおりいかを盛り付け、2、わさび、花穂、紅たでをあしらう。別の器に酢飯をひと口大に丸めて盛り、造り醤油とゴーヤー醤油もそれぞれ入れ、添える。

酢飯

材料と作り方（作りやすい分量）
＞ 炊き立てのご飯300gに寿司酢（下記）大さじ3を加えてさっくり混ぜ合わせる。

寿司酢

材料と作り方（作りやすい分量）
＞ 千鳥酢180ml、砂糖150g、塩40gを混ぜ合わせる。

平目 本まぐろお造り 紅芯大根 春菊醤油

材料（作りやすい分量）
平目…適量
本まぐろ…適量
紅芯大根…適量
茗荷…適量
おろしわさび…適量
造り醤油（p.173）…適量
春菊醤油（p.183）…適量

1 平目は薄造り、まぐろは平造りにして器に盛る。
2 紅芯大根は棒状に切る。茗荷は細切りにする。
3 1に2を盛り合わせ、わさびをとめる。別の器に造り醤油と春菊醤油をそれぞれ入れ、添える。

戻り鰹お造り　長芋まぜまぜ　味付け辛子

材料（作りやすい分量）
鰹…適量
長芋・茗荷・オクラ・長ねぎ…各適量
塩…少々
造り醤油（p.173）…適量
味付け辛子（p.42）…適量

1　鰹は3枚におろし、背と腹に分けて腹骨を取る。背は皮をひいて平造りにする。
2　腹は皮を直火で炙り、焼き目をつけて平造りにする。
3　長芋は皮をむいて包丁でたたいてとろろ状にする。茗荷は粗みじん切り、オクラは塩ずりして熱湯でさっとゆで、氷水におとして水けをふき、小口切りにする。長ねぎはみじん切りにする。
4　3を、長芋：オクラ：茗荷：長ねぎ＝4：3：2：1の割合で合わせ、塩を加え混ぜる。
5　器に1、2、4を盛り、味付け辛子をとめて造り醤油を添える。

鯛と柿の薄造り

材料（作りやすい分量）
鯛…適量
柿…適量
（ごま醬油）
- 造り醬油（p.173）：太白ごま油：白すりごま
  ＝3：1：0.5
- おろし生姜…少々

すだち…適量

1. 鯛は上身にして皮をひいて薄造りにする。柿は皮をむいてひと口大の薄切りにする。
2. ごま醬油の材料は混ぜ合わせる。
3. 器に鯛と柿を交互に盛り付け、2をまわしかけてすだちを添える。

秋刀魚と水なす 柚子こしょう和え

材料（作りやすい分量）
秋刀魚…適量
水なす…適量
食用菊…適量
万能ねぎ（小口切り）…適量
A
- 造り醬油（p.173）…少々
- 太香ごま油…少々
- 柚子こしょう…少々

1. 秋刀魚は3枚におろして小骨を取り、皮をひいて糸造りにする。
2. 水なすはへたを取り、4等分のくし形切りにしてから薄切りにする。
3. 食用菊は花びらをはずし、塩と酢（各分量外）を加えた湯でゆで、氷水におとして水けをしっかりしぼる。
4. Aを合わせ、1、2、3、万能ねぎを加えてさっと和え、器に盛る。

ふぐの薄造り ふぐ皮白菜塩昆布和え添え

材料（作りやすい分量）
ふぐの身…2本
ふぐの皮…適量
白菜…1/8個
小ねぎ（ふぐねぎ）…約12本
A
├塩昆布…適量
└ポン酢醤油…適量
もみじおろし…適量
ポン酢醤油…適量

1　ふぐの身はさらしで巻き、1日おいて余分な水分を抜く。
2　1を極薄めに切って、1枚ごとに器を回転させながら盛る（写真1～2）。
3　もみじおろしと、小ねぎを食べやすい長さに切って添える。
4　白菜は葉はざく切り、芯は3cm長さに切り、さらに繊維に沿って縦に細切りにする。
5　ボウルに4、ふぐの皮を入れ、Aを加えて和え、味をととのえる。
6　別の器に5を盛り、2の器にポン酢醤油を添える。

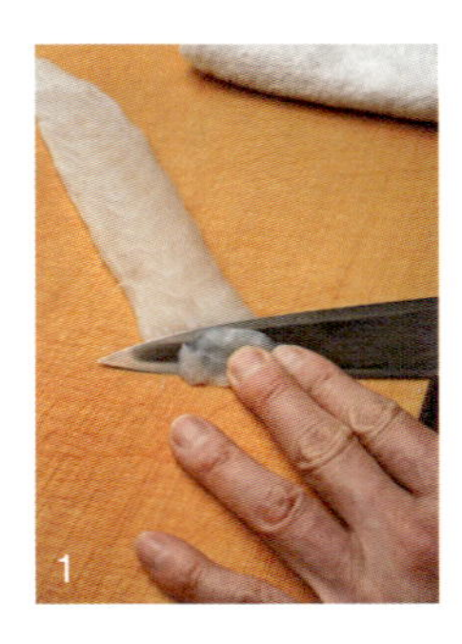
1

2

ごまさば高菜和え

材料（作りやすい分量）
さば（生食用）…適量
万能ねぎ…適量
高菜漬け（市販）…適量
白いりごま…適量
A
├造り醤油（p.173）…少々
└みりん…少々
刻みのり…適量
おろしわさび…適量

1 さばは3枚におろし、上身にして皮をひき、ひと口大のそぎ切りにする。
2 万能ねぎは小口切り、高菜漬けはみじん切りにする。
3 1、2適量ずつと白ごま、Aをさっと和える。
4 器に盛り、刻みのりをかけてわさびを添える。

やりいかえのきそうめん うに卵黄だれ

材料（作りやすい分量）
やりいか…適量
えのきたけ…適量
太白ごま油…少々
花穂…適量
おろし生姜…適量
A
- 生うに…適量
- 卵黄…適量
- 造り醤油（p.173）…適量

1 やりいかは軟骨と内臓、くちばしを取り除く。流水で洗って皮をむき、糸造りにする。
2 えのきは石づきを落とし、一本一本にほぐす。熱湯でさっとゆで、粗熱がとれたらゆで汁をしぼる。
3 ボウルに1、2を同量ずつ合わせ入れ、太白ごま油で和える。器に盛り、花穂をちらし、おろし生姜を添える。
4 別の器にAを入れて3に添える。混ぜ合わせ、3をつけて食べる。

箸休め

ゴールデンキウイと新生姜のすり流し

材料(作りやすい分量)
ゴールデンキウイ(ざく切り)…300g
新生姜(みじん切り)…20g
太白ごま油…大さじ1
塩…少々
ミントの葉…適量

1 ミキサーにミント以外のすべての材料を入れ、なめらかになるまで攪拌する。
2 1を冷蔵室でよく冷やして器に盛り、ミントの葉をとめる。

すいかと梅干しの冷たいすり流し

材料（作りやすい分量）
すいか…500g（正味）
梅干し…2個
太白ごま油…大さじ2
塩…少々
花穂…少々

1 すいかは皮をはずして種を取り除き、正味500gにしてざく切りにする。
2 梅干しは種を取り除き、粗く刻む。
3 ミキサーに1、2、太白ごま油を入れてなめらかになるまで攪拌し、塩で味をととのえる。
4 冷蔵室でよく冷やして器に盛り、花穂をとめる。

メロンと緑野菜の冷たいすり流し

材料（作りやすい分量）
メロン…150g（正味）
きゅうり…20g
セロリ…20g
玉ねぎ…20g
アボカド…30g
大葉…5枚
A
├太白ごま油…大さじ1
├塩…小さじ1
└ホットペッパーソース…少々
太白ごま油…少々
黒こしょう…少々

1 すべての野菜や果物は皮をむいて種や筋、軸を取り、ざく切りにする。
2 ミキサーに1、Aを入れ、なめらかになるまで攪拌する。
3 濾し器で濾して冷蔵室で冷やす。
4 器に注ぎ、太白ごま油をたらして黒こしょうをとめる。

焼きりんごのすり流し

材料（作りやすい分量）
りんご…２個
バター…20g
はちみつ…大さじ２
生クリーム…50ml
シナモンパウダー…適量

1 りんごはよく洗い、芯をくりぬく。中にバターとはちみつを入れ、220℃のオーブンで20～30分焼く。
2 1の粗熱がとれたらざく切りにして焼き汁ごとミキサーに入れ、生クリームとシナモンパウダー少々を加えてなめらかになるまで攪拌する。
3 冷蔵室でよく冷やして器に盛り、シナモンパウダー少々をとめる。

おしのぎ

煮蛤寿司 木の芽 針うど

材料（作りやすい分量）
蛤…適量
（煮汁）
└ 蛤のゆで汁：酒：醤油：砂糖
＝12：1：1：0.3
酢飯（p.92）…適量
木の芽（みじん切り）…適量
木の芽（ちぎったもの）…適量
うど…適量
酢…少々
おろしわさび…適量

1 蛤は殻をはずし、くちばしに箸を通して何個かまとめて水の中でくるくる回して砂を洗い落とす。
2 1を鍋に入れ、水をひたひたに注いで火にかける。かき混ぜながら火を通し、ざるに上げて並べ、水けをきる。ゆで汁はとっておく。ワタは指で押して取り除く。
3 身を包丁で半分に開き、ミミのかたい部分に包丁で切り目を入れる。
4 鍋に煮汁の材料を入れ、火にかける。煮立ったらそのまま冷まし、3を加えて1日つけて味を含ませる。
5 4の漬け汁適量を煮詰め、たれを作る。
6 酢飯に木の芽（みじん切り）を加え混ぜ、木の芽酢飯にする。
7 うどは厚めに皮をむき、かつらむきにしてからせん切りにする。酢を加えた水にさらして水けをきり、針うどにする。
8 器に6を盛り、4を食べやすく切ってのせる。5をまわしかけ、7、わさび、木の芽（ちぎったもの）をのせる。

鯛昆布〆 木の芽酢飯握り

材料（作りやすい分量）
鯛昆布〆（p.41）…適量
木の芽酢飯（p.105）…適量
桜の葉塩漬け…適量
おろしわさび…適量
紅芯大根…適量

1 鯛昆布〆はへぎ造りにする。
2 木の芽酢飯を握り、1をのせて握り寿司にする。
3 桜の葉塩漬けは水で洗い、塩抜きする。紅芯大根は花びら形に抜く。
4 器に3の葉をのせて2を盛り、わさびをとめて紅芯大根を添える。

牛と新ごぼう クレソンのすき焼き 卵黄 ご飯添え

材料（作りやすい分量）
牛ロース肉（すき焼き用）…適量
新ごぼう…適量
しらたき…適量
クレソン…適量
（割下）
- 水…100ml
- 酒…100ml
- 砂糖…少々
- 醤油…100ml
- みりん…200ml
- だし昆布…5g

卵黄…適量
ご飯…適量

1 新ごぼうは洗ってささがきにする。水でさっと洗ってざるにあけ、水けをきる。
2 しらたきは熱湯でゆでてざるにあけ、食べやすい長さに切る。
3 クレソンはやわらかい葉の部分を摘んで、水でさっと洗って水けをきる。
4 鍋に割下の材料を合わせ入れ、牛肉、1、2を加えて火にかけ、10分ほど煮る。
5 器に盛り、卵黄と3を添える。別の器にご飯を盛り、添える。

うなぎ蒸し寿司

材料（作りやすい分量）
うなぎ蒲焼き（p.161）…適量
おろしわさび…適量
万能ねぎ（小口切り）…適量
刻みのり…適量
白いりごま…適量
酢飯（p.92）…適量

1 うなぎ蒲焼きはひと口大に切る。
2 蒸気の上がった蒸し器に1と酢飯をそれぞれ入れ、温める。
3 器に酢飯を盛り、刻みのり、白ごまをちらしてうなぎ蒲焼きをのせる。万能ねぎをちらし、わさびをとめる。

あわび すだちそうめん

材料（作りやすい分量）
あわび…2個
塩…少々
A
- 酒…200ml
- 水…800ml
- だし昆布…5g

B
- 醤油…50ml
- 砂糖…大さじ1と1/2

そうめん…1わ

C
- だし…1200ml
- 醤油…50ml
- 薄口醤油…50ml
- みりん…100ml
- 砂糖…大さじ2

すだちの搾り汁…3個分
すだち（輪切り）…適量
花穂…適量

1 あわびは身に塩をふってみがき、殻からはずす。肝は取り除く。
2 鍋にあわびとAを入れ、火にかける。煮立ったらアクをひき、弱火にして3時間ほど煮る。水が減ったらそのつど足す。
3 あわびがやわらかくなったらBを加え、さらに30分ほど炊く。火を止め、そのまま冷ましてひと口大に切る。
4 別の鍋にCを入れ、火にかける。煮立ったら火を止め、そのまま冷ます。すだちの搾り汁を加え混ぜ、冷やす。
5 そうめんは熱湯で好みの加減にゆでる。水でもみ洗いしてぬめりを落とし、氷水でしめる。
6 5の水けをきって器に盛り、4を注ぐ。3、すだちをのせ、花穂をとめる。

炙りかます棒寿司 松茸醤油 いぶりがっこ

材料（作りやすい分量）
かます…適量
塩…適量
酢…適量
酢飯（p.92）…適量
いぶりがっこ…適量
松茸醤油（p.181）…適量
すだち…適量

1 かますは3枚におろし、腹骨を取って両面に薄く塩をあてて1時間ほどおく。
2 1を水でさっと洗い、バットに並べて酢をひたひたに注いで30分ほど〆る。汁けをしっかりふき、小骨を取り除く。
3 皮目に数カ所、縦に切り目を入れ、皮目を下にして巻きすにのせる。上から酢飯をのせて巻き、棒寿司にする。
4 3の形をととのえ、巻きすをはずす。皮目をバーナーで炙ってひと口大に切る。
5 4を器に盛り、いぶりがっこを小さくスライスしてのせる。松茸醤油をとめて、すだちを添える。

うにと青のりのおじや バター 黒こしょう 芽ねぎ

材料(作りやすい分量)
ご飯…150g
だし…300ml
生うに…約大さじ2
生青のり…約大さじ2
A
├薄口醤油…適量
└みりん…適量
塩…適量
バター…適量
黒こしょう…適量
芽ねぎ…適量

1 鍋にご飯、だし、Aを入れ、火にかける。煮立ったら弱火にし、とろっとするまで炊く。
2 生うに、生青のりを加え混ぜ、味をみて足りなければ塩で味をととのえる。バターを加え混ぜ、溶かす。
3 器に盛り、黒こしょうをちらし、生うに(分量外)と芽ねぎを添える。

炙りとろ 赤玉ねぎ 手巻き寿司

材料(作りやすい分量)
まぐろ(大とろ)…適量
造り醤油(p.173)…適量
酢飯(p.92)…適量
おろしわさび…少々
赤玉ねぎ(みじん切り)…適量
焼きのり…適量

1 まぐろは棒状に切り、造り醤油で和える。10分ほどおいてバーナーで炙る。
2 焼きのりを半分に切り、酢飯をのせてわさびをぬって1を中心におく。
3 器に盛り、赤玉ねぎをちらす。それぞれに巻いて食べる。

賛否両論
SANPI-RYORON

賛否両論開店

奇跡的に素敵な物件に出合い、2004年9月17日、恵比寿の街の片隅に私の新店、賛否両論は産声を上げた。わずか18席の小さなお店。駅から10分以上歩くわかりにくい場所。

最初は全員に反対された。

「あんなところにお客さん、誰も来ないよ」

「もっといい物件探したほうがいいんじゃない⁉」

店名を伝えると、さらにみんなに反対された。

「お前、冗談だろう？」

「もっと真面目に考えなさい」

親戚のおばさんなんか、泣いていた。しかし、私にはなぜだかわからないが、店が流行る自信があった。

駅から遠い分、家賃が安かったし、夜になるとうちだけポツンと灯りが点いていて格好良かった。店名だってインパクトがあって誰もつけないような名前のほうが覚えてもらいやすい。私のやりたい料理とお店のつくり方を気に入ってくれるお客様だけ来てくれればいい。万人受けなんて狙わない。9割嫌われても、1割の熱狂的なファンがいてくれるお店にしたい。今思えば、生意気だが、そんなふうに思っていた。

高級日本料理と、焼き鳥1本100円の居酒屋、両方経験したからこそわかる、料理や価格のバランス。それが私の武器だ。おまかせコース1本にすれば、食材のロスもスタッフの数もおさえられる。ディズニーランドの1デーパスポートと同じ値段なら、家族連れも、若いカップルも年に何回か来られるだろう。コース1本なら、メニューの決め方なども迷う必要がない。クラシックな日本料理と、創作的な新しい料理を半々くらいにして、店内も一枚板のカウンターオープンキッチンにして、ちょっとエロチックな匂いも漂わせた。

今のように、ネットだ、スマホだと情報も少なかった20年前。とにかく店の宣伝になればと、雑誌やテレビの取材は受けまくった。1カ月で20本くらい受けた月もある。こうしておかげさまで賛否両論は開店し、すぐに毎日満席のお店になった。

焼き物

桜ます桜の香り焼き　桜葉素揚げ　ふき田舎煮　レモンおろし

材料（作りやすい分量）
桜ます…適量
（漬け地）
└酒：醤油：みりん＝1：1：1
桜の葉塩漬け…適量
揚げ油…適量
大根おろし…適量
A
├レモン汁…少々
├レモンの皮（すりおろす）…少々
├砂糖…少々
└塩…少々
ふき田舎煮（右記）…適量

1　桜ますは上身にして小骨を取り、一人前70gくらいの切り身にする。
2　桜の葉塩漬けは水で洗い、塩抜きする。
3　漬け地の材料を合わせ、1、2を40分ほどつける。
4　3の桜ますの汁けをきり、串を打ってグリルや魚焼き器で焼き目がつくまで焼く。桜の葉は汁けをふき、乾いたら160℃の揚げ油で素揚げする。
5　大根おろしは汁けをきり、Aを加え混ぜ、レモンおろしにする。
6　器に4、5、ふき田舎煮を盛る。

ふき田舎煮

材料と作り方（作りやすい分量）
1　ふき適量はそうじして筋を取り、4cm長さに切る。油揚げ適量は横半分に切ってから細切りにする。
2　フライパンにごま油適量を熱し、1を炒める。しんなりしたら、だし：醤油：みりん：砂糖＝12：1：1：0.2と一味唐辛子少々を加え、汁けがなくなるまで炒め煮にする。

鰆香り醤油焼き カリカリふきのとうちらし 長芋おろし

材料（作りやすい分量）
鰆…適量
（漬け地）
- 紹興酒：醤油：みりん＝1：1：1
- 赤唐辛子…少々
- 生姜（薄切り）…少々

ふきのとう…適量
春巻きの皮…適量
揚げ油…適量
塩…適量
長芋…適量
大根おろし…適量
すだち…適量

1. 鰆は上身にして小骨を取り、一人前70gくらいの切り身にする。
2. 漬け地の材料を合わせ、1を40分ほどつける。
3. 2に串を打ち、グリルや魚焼き器で焼き目がつくまで焼く。
4. ふきのとうはみじん切りにし、170℃の揚げ油でカリカリに素揚げし、熱いうちに塩少々をふる。春巻きの皮も同様に素揚げし、粗熱がとれたら細かくくだく。
5. ふきのとうと春巻きの皮を3：1くらいの割合で混ぜ合わせる。
6. 長芋は皮をむいて包丁で粗く刻んでとろろ状にする。
7. 大根おろしの汁けをきって6と同量ずつ混ぜ合わせ、塩少々をふる。
8. 器に3を盛り、5をちらして7とすだちを添える。

すずき山椒焼き 刻み実山椒
フルーツトマトいちじくみぞれ和え

材料（作りやすい分量）
すずき…1尾
（漬け地）
└ 酒：醤油：みりん：実山椒青煮（刻む）
　　＝1：1：1：0.3
フルーツトマトいちじくみぞれ和え（右記）…適量
すだち…適量

1 すずきは3枚におろし、腹骨と小骨を取り、一人前60～70gの切り身にする。
2 漬け地の材料を合わせ、1を1時間ほどつける。
3 2に串を打ち、漬け地を3～4回かけながらグリルや魚焼き器で焦がさないように焼く。
4 器に3を盛り、フルーツトマトいちじくみぞれ和えとすだちを添える。

フルーツトマトいちじくみぞれ和え

材料と作り方（作りやすい分量）
1 フルーツトマト1個はへたを取り、5mm角ほどに切る。いちじく1個は皮をむき、トマトと同様の大きさに切る。
2 1と汁けをきった大根おろし100g、太白ごま油・酢各小さじ1、砂糖・塩各少々を混ぜ合わせる。

うなぎ白焼き ゴーヤー佃煮 山椒風味

材料（作りやすい分量）
うなぎ…1尾
塩…適量
ゴーヤー佃煮（下記）…適量
すだち…適量
おろしわさび…適量
粉山椒…適量

1 うなぎは背開きにして中骨を取り、ひれを取り除く。半分の長さに切って串を打ち、全体に薄く塩をあてる。
2 グリルや魚焼き器で身のほうから焼き、焼き目がついたら皮目も焼き、蒸気の上がった蒸し器で30分ほど蒸す。
3 もう一度全体に軽く塩をふり、魚焼き器で両面パリッと中はふっくら焼き上げ、ひと口大に切る。
4 器に3を盛り、ゴーヤー佃煮、すだち、わさび、粉山椒、塩を添える。

ゴーヤー佃煮

材料と作り方（作りやすい分量）
1 ゴーヤー1本は、縦半分に切って種とワタを取り除いて薄切りにする。ボウルに入れ、熱湯を注いで15分ほど浸し、水けをしっかりしぼる。
2 鍋に1、醤油・みりん各50ml、砂糖75g、酢大さじ2、鰹削り節10gを入れ、火にかける。ときどき混ぜながら汁けがなくなるまで煮て、白いりごま小さじ1と粉山椒少々をふる。

まな鰹塩焼き モロヘイヤおろし
蛇腹きゅうり甘酢

材料（作りやすい分量）
まな鰹…1尾
酒…少々
塩…少々
（モロヘイヤおろし）
├モロヘイヤ…1わ
├大根…200g
└A
　├太白ごま油…大さじ1
　└塩…少々
蛇腹きゅうり甘酢（右記）…適量

1　まな鰹は3枚におろし、小骨を取り除いて一人前60gくらいに切り分ける。酒で洗い、汁けをふき取って両面に塩をあてる。
2　グリルや魚焼き器に皮目から入れ、焦がさないように両面焼く。
3　モロヘイヤおろしを作る。モロヘイヤは茎のかたい部分を切り落とし、沸騰した湯でさっとゆでて氷水におとす。水けをしっかりしぼってから刻み、粘りが出るまで包丁でたたく。
4　大根はすりおろし、汁けをきる。
5　3、4、Aを混ぜ合わせる。
6　器に2を盛り付け、食べやすい大きさに切った蛇腹きゅうり甘酢とモロヘイヤおろしを添える。

蛇腹きゅうり甘酢

材料と作り方（作りやすい分量）
1　きゅうり3本は塩ずりして水で洗い、へたを落とす。両面に蛇腹に包丁目を入れ、2%の塩水に1時間ほどつける。
2　水・酢各200ml、砂糖100g、薄口醤油大さじ1を混ぜ合わせ、1の水けをきって加え、1日以上つける。

太刀魚塩焼き ホワイトセロリおろし パプリカきんぴら すだち

材料（作りやすい分量）
太刀魚…1尾
塩…少々
ホワイトセロリおろし（右記）…適量
パプリカきんぴら（右記）…適量
すだち…適量

1 太刀魚は3枚におろし、腹骨、小骨を取り除き、一人前60gほどに切り分ける。全体に塩をあて、20分ほどおいて水けをふく。
2 皮目に包丁目を縦に2mm幅に入れ、串を打ち、グリルや魚焼き器で焦がさないように焼く。
3 器に盛り、ホワイトセロリおろし、パプリカきんぴら、すだちを添える。

ホワイトセロリおろし

材料と作り方（作りやすい分量）
1 ホワイトセロリ30gは筋を取って小口切りにする。大根おろし50gは汁けをきる。
2 1と太白ごま油小さじ1、塩ひとつまみを混ぜ合わせる。

パプリカきんぴら

材料と作り方（作りやすい分量）
1 赤パプリカ・黄パプリカ・緑パプリカ各1個は、へたとワタ、種を取り、4cm長さの細切りにする。
2 フライパンに太白ごま油大さじ1を熱し、1を炒める。しんなりしたら酒大さじ3、砂糖大さじ1、醤油大さじ2、黒こしょう少々を加え、汁けがなくなるまで炒め合わせる。仕上げに白いりごま大さじ1を加えてからめる。

秋鮭 西京焼き 栗けずり パプリカ揚げ浸し

材料（作りやすい分量）
秋鮭…適量
塩…適量
A
- 西京みそ…100g
- 酒…30ml
- 砂糖…30g

栗…適量
パプリカ揚げ浸し（右記）…適量
大根おろし…適量
すだち…適量
醤油…適量

1 秋鮭は3枚におろし、上身にして一人前60gくらいの切り身にする。全体に薄く塩をあて、30分ほどおいて出てきた水けをふく。
2 Aを混ぜ合わせ、1の全体にぬりつける。落としラップをし、冷蔵室で2日間ほどつける。
3 2のみそをていねいにふき取り、グリルや魚焼き器で焦がさないように焼く。
4 栗は皮をむいて、蒸気の上がった蒸し器でやわらかくなるまで蒸す。
5 器に3を盛り、上からチーズおろしで4をけずりかける。パプリカ揚げ浸しを赤、黄、交互に盛り合わせ、大根おろしに醤油をまわしかけ、すだちを添える。

パプリカ揚げ浸し

材料と作り方（作りやすい分量）
1 パプリカ赤、黄各適量は、縦半分に切ってへたと種を取る。
2 200℃の揚げ油適量で1を素揚げする。
3 2を氷水におとし、薄皮をむいてひと口大に切る。
4 鍋に浸し地を、だし：薄口醤油：みりん＝14：1：1の割合で入れ、砂糖少々を加えて火にかける。煮立ったら3を加えてさっと炊き、火を止めてそのまま冷まして味を含ませる。

寒鰤みかん照り焼き 焼きみかん 春菊おろし

材料（作りやすい分量）
寒鰤（切り身）…8切れ
みかん…2個
（漬け地）
└酒：醬油：みりん＝1：1：1
春菊…1わ
大根おろし…適量
B
├太白ごま油…適量
├塩…適量
└薄口醬油…適量

1 みかん1個は果肉を取り出し、果肉を搾った果汁、むいた皮と薄皮と合わせる。
2 漬け地の材料を合わせ、1を加える。
3 2に鰤を入れ、3時間ほどつける。
4 春菊は塩少々（分量外）を加えた熱湯でさっとゆで、氷水におとし、水けをしっかりしぼって粗みじん切りにする。大根おろしの汁けをきって混ぜ、Bで味をつける。
5 残りのみかんは皮をむいて半分に切り、グリルや魚焼き器で焼き目がつくまで焼く。
6 3をグリルや魚焼き器で、漬け地をぬりながら照りを出すように焼く。
7 器に盛り、4、5を添える。

鴨と九条ねぎつみれ焼き 黄身おろし しめじ山椒炒め

材料(作りやすい分量)
合鴨ひき肉…500g
おろし玉ねぎ…500g
A
- 卵…1個
- コーンスターチ…大さじ2
- 砂糖…大さじ1
- 塩…小さじ1
- 醤油…大さじ2
- みりん…大さじ2

九条ねぎ…100g
B
- 酒…100ml
- 砂糖…小さじ1
- 醤油…40ml
- みりん…100ml

C
- 大根おろし…50g
- 卵黄…1個分
- 塩…少々

しめじ山椒炒め(右記)…適量
太白ごま油…適量
すだち…適量

1 おろし玉ねぎはさらしに包み、汁けをしっかりしぼる。九条ねぎは小口切りにする。
2 ボウルにひき肉、1の玉ねぎ、Aを合わせ入れ、ねばりが出るまで手で練り合わせる。
3 九条ねぎを加えてさくっと混ぜ、1人前60〜70gの円盤形に丸める。
4 フライパンに太白ごま油を熱し、3の両面を焼いて火を通し、取り出す。
5 フライパンの余分な脂をふき取り、Bを加えてとろっとするまで煮詰め、つみれを戻し入れて煮からめる。
6 Cは混ぜ合わせ、黄身おろしにする。
7 器に5、6、しめじ山椒炒めを盛り、すだちを添える。

しめじ山椒炒め

材料と作り方(作りやすい分量)
1 しめじ適量は石づきを落とし、根元をほぐす。
2 フライパンに太白ごま油適量を熱し、1を炒める。しんなりしたら酒:みりん:醤油=1:1:1と粉山椒少々を加え、炒め合わせる。

MY Beer!
東京ガス
キッチンランド
笠原後援会!!
春狩

肉料理

豚バラ　新玉ねぎ　焼き豆腐のすき煮

材料（作りやすい分量）
豚バラ薄切り肉…適量
新玉ねぎ…適量
焼き豆腐…適量
クレソン…適量
A
└水：酒：醬油：砂糖＝8：1：1：0.5
だし昆布…適量

1　豚肉は10cm長さに切り、熱湯にさっとくぐらせてアクをひいてざるにあけ、ゆで汁をきる。
2　新玉ねぎはくし形切りにする。焼き豆腐は水けをふき、食べやすい大きさに切る。
3　クレソンはやわらかい葉を摘んでさっと水で洗い、水けをきる。
4　鍋にAとだし昆布を入れ、火にかける。煮立ったら1、2を加えて10分ほど煮る。
5　器に盛り、クレソンを添える。

岩中豚しゃぶしゃぶ らっきょうたたき長芋がけ

材料（作りやすい分量）
岩中豚バラ薄切り肉…200g
長芋…100g
らっきょう甘酢漬け…5粒
茗荷…1個
塩…適量
太白ごま油…大さじ1
A
- だし…300ml
- 薄口醤油…20ml
- みりん…20ml

青柚子の皮…適量

1 長芋は皮をむいて包丁でたたき、とろろ状にする。らっきょうは粗みじん切りにする。
2 1の長芋とらっきょうを混ぜ合わせ、塩と太白ごま油で味をととのえる。
3 茗荷は小口切りにしてさっと水で洗い、水けをきる。
4 豚肉は10cm長さに切る。
5 鍋にAを入れて火にかけ、沸いたら火を止めて4を加える。しゃぶしゃぶの要領でさっと火を通し、ざるにあけてゆで汁をきり、塩を軽くふる。
6 器に5を盛り、2をかけて3をとめる。青柚子の皮をすりおろしてふる。

鶏焼き浸し 冬瓜含め煮
ジャンボしいたけ ふり柚子

材料（作りやすい分量）
鶏もも肉…適量
冬瓜…適量
塩…適量
A
└ だし：薄口醤油：みりん＝12：1：1
ジャンボしいたけ…適量
B
├ だし：薄口醤油：みりん＝15：1：1
└ 塩…少々
茗荷（小口切り）…適量
青柚子の皮…適量

1 鶏肉は余分な脂や小骨を取り除き、全体に塩を軽くあてる。フライパンに油をひかずに鶏肉を皮目から入れ、パリッと焼き目がつくまで焼く。身のほうはさっと焼いてひと口大に切る。
2 冬瓜は皮をむき、種とワタを取り除いてひと口大に切る。皮目に塩適量をすり込み、10分ほどおく。熱湯で10分ほどゆで、氷水におとして水けをきる。
3 鍋にAを合わせ入れ、火にかける。煮立ったら2を加え、再び煮立ったら弱火にして10分ほど炊いて火を止める。そのまま冷まして味を含ませる。
4 ジャンボしいたけは軸をおとし、焼き網で焼いてひと口大に切る。
5 別の鍋にB、1、3、4を入れて火にかけ、鶏肉に火が通るまで弱火で煮る。
6 器に盛り、茗荷をとめて青柚子の皮をすりおろしてふる。

豚しゃぶ　かぶなめこ長ねぎあんかけ

材料（作りやすい分量）
豚バラ薄切り肉…適量
塩…適量
かぶ…適量
なめこ…適量
長ねぎ…適量
A
└だし：薄口醤油：みりん＝14：1：1
水溶き片栗粉…適量
黒こしょう…適量
青柚子の皮…適量

1 豚肉は食べやすい大きさに切る。熱湯に入れ、しゃぶしゃぶの要領で火を通し、ゆで汁をきって塩を軽くあてる。
2 かぶはすりおろし、汁けをきる。なめこは熱湯でさっとゆでてゆで汁をきる。長ねぎは斜め薄切りにする。
3 鍋にAを入れ、火にかける。煮立ったら水溶き片栗粉を加え混ぜ、とろみをつける。
4 3に2を適量ずつ加え、さっと煮る。
5 器に1を盛り、4をかけて黒こしょうをふり、青柚子の皮をすりおろしてふる。

豚肩ロースの白みそ煮
えびいも 九条ねぎ ふり柚子

材料（作りやすい分量）
豚肩ロースかたまり肉…400g
玉ねぎ…1個
A
├水…600ml
├酒…200ml
└砂糖…大さじ2
醤油…50ml
白みそ…適量
えびいも…1/2個
九条ねぎ…2本
B
└だし：薄口醤油：みりん
　＝12：1：1
黄柚子の皮…適量

1 豚肉は8等分に切る。玉ねぎは薄切りにする。
2 豚肉は熱湯で5分ほど下ゆでし、水にさらして余分な脂や汚れを除く。
3 鍋にA、2、1の玉ねぎを合わせ入れ、火にかける。煮立ったら弱火にしてアルミホイルで落としぶたをし、2時間ほど煮る。途中、水分が少なくなったら水を足す。
4 3に醤油を加え、味をみて白みそを加えて味をととのえる。そのまま鍋中で冷ます。
5 えびいもは皮をむいて食べやすい大きさに切って面取りする。別の鍋に入れ、水をかぶるくらい注いで火にかける。えびいもがやわらかくなったら、湯を捨てB適量を加えて含め煮にする。
6 九条ねぎは笹打ちにする。別の鍋にB適量を沸かして加え、さっと炊いて鍋底を氷水にあてて急冷する。
7 4、5、6を温め、器に盛り、黄柚子の皮をあしらう。

牛タンおでん風
聖護院だいこん うずら玉子 こんにゃく 水菜

材料（作りやすい分量）
牛タン…適量
聖護院だいこん…適量
うずらの卵…適量
こんにゃく…適量
水菜…適量
A
├だし…240ml
├薄口醤油…大さじ4
├醤油…大さじ2
├塩…小さじ1
└みりん…大さじ6
味付け辛子（p.42）…適量

1 牛タンはかたまりのまま鍋に入れ、水をかぶるくらい注いで火にかける。煮立ったら弱火にし、2時間ほど下ゆでし、そのまま冷まして食べやすい大きさに切り分ける。
2 聖護院だいこんは皮をむいて食べやすい大きさに切って鍋に入れる。水をかぶるくらい注いで火にかけ、やわらかくなるまで下ゆでしてゆで汁をきる。
3 うずらの卵は水から4分ゆで、殻をむく。こんにゃくはひと口大に切って熱湯で3分ほど下ゆでしてゆで汁をきる。
4 水菜は熱湯でゆで、氷水におとして水けをしぼり、4cm長さに切る。
5 鍋にAを入れ、火にかける。煮立ったら1を入れ、再び煮立ったら弱火にして1時間ほど煮る。煮汁が減ったらそのつど水を足しながら煮る。
6 5に2、こんにゃくを加えて30分、うずらの卵を加えてさらに10分煮る。そのまま冷まし、粗熱がとれたら水菜を加えてさっと煮る。
7 器に盛り、味付け辛子を添える。

我が父 笠原賢のこと

私は今年2024年で52歳になった。私の父、笠原賢が他界したのも52歳のときだ。自分が同じ歳になってみて、あらためて父はこんなに若くして亡くなってしまったのかと愕然とする。

そして父は本当に立派で格好良い大人だったんだなとも思う。私なんかは相変わらず薄っぺらで浅はかで、ちっぽけな男である。見た目はなんとなく大人になったが、中身は小学5年生くらいのときとまったく変わってない。天国の父に恥ずかしくて顔向けができない。ただ、これだけは信じてほしいのだが、子どもの頃から父にたたき込まれた人としての生き方や教えは、すべて守っているつもりだ。私の考え方、行動、他人への接し方はすべて父の教えに基づいているものだ。

父は私に口癖のようによく言っていた。偉そうにするな、人にしつこくするな、下品になるな、鈍感になるな、他人と自分を比べるな、と。今思うと確かに父は本当にその通りに生きていた。周りの人たち皆に好かれていたし、誰にでも優しくて、きちんとしていた。仕事もできた。若い頃は相当女性にもモテたらしい。

私は子どもの頃から実家の焼き鳥屋を小遣い稼ぎに手伝っていたから、仕事面でもいろいろなことを教え込まれた。手ぶらで歩くな。二度手間禁止。効率良くやる方法を考えろ。お客様の気持ちになって考えてみろ。この教えは、父と同じ料理人になった今、本当に役立っている。52歳になり、まだまだ父の足元にも及ばないが、私も3人の子どもの父になり、大勢のスタッフを抱える料理屋の店主になった。悩んだり、困ったときは父ならどうしていたかな？と、考えるようにしている。そしてまた、子どもにも、スタッフにも同じことを教えとして伝えている。

これからもずっと天国から見守って、叱咤激励してほしい。そして残してくれた数々のレシピと、形見の包丁で賛否両論を手伝ってほしい。父、笠原賢の息子に生まれて、私は本当に良かった。

レモンサワーに梅干しを入れて
ぐちゃぐちゃにつぶして飲むのが父の好きな飲み方。
自分で“けんちゃんサワー”と名付けていた。
私もこの飲み方が好きである。

蒸し物

空豆 よもぎ麩 しいたけ茶碗蒸し 生桜海老あんかけ

材料（作りやすい分量）
空豆…適量
よもぎ麩…適量
しいたけ…適量
生桜海老…適量
（茶碗蒸しの地）
├卵…1個
├だし…180ml
├薄口醤油…小さじ1
└みりん…小さじ1
（あん）
└だし：薄口醤油：みりん＝14：1：1
水溶き片栗粉…適量
おろし生姜…適量

1 空豆はさやをはずし、薄皮をむく。よもぎ麩はひと口大に切る。しいたけは軸を取って薄切りにする。
2 生桜海老は薄い塩水（分量外）につけ、箸でぐるぐるかき混ぜてひげをそうじし、ざるにあけて水けをきる。
3 茶碗蒸しの地はよく混ぜ合わせ、濾し器で濾す。
4 耐熱の器に1を入れ、3を注ぐ。表面の泡を消し、蒸気の上がった蒸し器に入れ、強火で1分、弱火で14分蒸す。
5 鍋にあんの材料を合わせ入れ、火にかける。煮立ったら水溶き片栗粉を加えてとろみをつける。2を加え、混ぜながら火を通す。
6 4に5をかけ、おろし生姜をとめる。

蛤と春キャベツ茶碗蒸し 蛤だしあんかけ

材料（作りやすい分量）
蛤…10個
A
- 水…400ml
- 酒…200ml
- だし昆布…5g

B
- 薄口醤油…大さじ2
- 塩…少々
- みりん…大さじ1

春キャベツ…適量
塩…少々
茶碗蒸しの地（p.142）…全量
水溶き片栗粉…適量
黒こしょう…少々
木の芽…適量

1 蛤は砂抜きして洗う（p.105）。
2 鍋に1とAを入れ、火にかける。煮立って、蛤の口がすべて開いたらアクをひいて弱火にする。Bを加えて味をととのえ、火を止める。冷めたら殻をはずす。煮汁はとりおく。
3 春キャベツはざく切りにし、熱湯でさっとゆでてざるにあけ、塩をふって冷ます。
4 茶碗蒸しの地はよく混ぜ合わせ、濾し器で濾す。
5 耐熱の器に蛤、3を入れ、4を注ぐ。表面の泡を消し、蒸気の上がった蒸し器に入れ、強火で1分、弱火で14分蒸す。
6 鍋に2の煮汁適量を入れ、火にかける。煮立ったら水溶き片栗粉を加えてとろみをつける。
7 5に6をかけ、黒こしょうと木の芽をとめる。

新ゆり根茶碗蒸し 梅あんかけ 花穂

材料（作りやすい分量）
ゆり根…適量
塩…少々
茶碗蒸しの地（p.142）…全量
梅あん（右記）…適量
花穂…適量

1 ゆり根はそうじをして1片ずつばらし、食べやすい大きさに切る。熱湯でさっとゆでてざるにあけ、熱いうちに塩をふって冷ます。
2 茶碗蒸しの地はよく混ぜ合わせ、濾し器で濾す。
3 耐熱の器に1を入れ、2を注ぐ。表面の泡を消し、蒸気の上がった蒸し器に入れ、強火で1分、弱火で14分蒸す。
4 3に梅あんをかけ、花穂をとめる。

梅あん

材料と作り方（作りやすい分量）
1 梅干し2個は種を取ってペースト状にする。
2 鍋に1、だし180ml、薄口醤油・みりん各小さじ2を入れ、火にかける。煮立ったら水溶き片栗粉少々を加え混ぜ、とろみをつける。

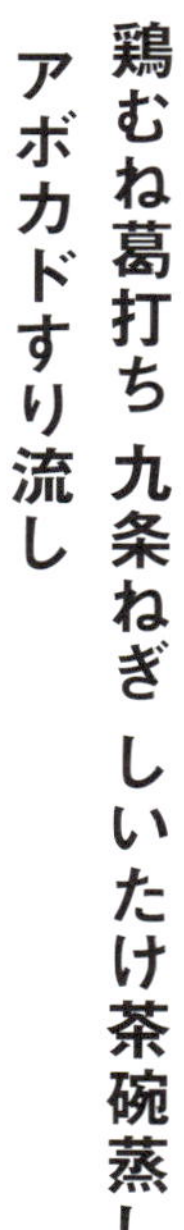

鶏むね葛打ち 九条ねぎ しいたけ茶碗蒸し アボカドすり流し

材料（作りやすい分量）
鶏むね肉…1枚（約250g）
塩…少々
葛粉…適量
九条ねぎ…1本
しいたけ…3枚
茶碗蒸しの地（p.142）…全量
アボカドすり流し（右記）…適量
黒こしょう…適量

1 鶏肉は皮をはぎ、ひと口大に切る。両面に塩をあて、葛粉を細かくしてまぶす。
2 熱湯で1をさっとゆでる。鶏肉の色が変わったら氷水におとし、水けをきる。
3 九条ねぎは斜め薄切り、しいたけは軸を落としてかさを薄切りにする。
4 茶碗蒸しの地はよく混ぜ合わせ、濾し器で濾す。
5 耐熱の器に2と3を適量ずつ入れ、4を注ぐ。表面の泡を消し、蒸気の上がった蒸し器に入れ、強火で1分、弱火で14分蒸す。
6 アボカドすり流しを温め、5の上にかけて黒こしょうをとめる。

アボカドすり流し

材料と作り方（作りやすい分量）
1 玉ねぎ1/2個は薄切りにする。フライパンに太白ごま油大さじ1を熱し、玉ねぎを加える。塩少々をふってしんなりするまで炒める。
2 アボカド2個は種を取って皮をむき、ひと口大に切る。
3 鍋にだし300ml、薄口醤油・みりん各大さじ1、塩少々を合わせ入れ、火にかける。沸いたら1と2を加えてさっと煮て鍋底を氷水にあてて急冷する。
4 冷めたらミキサーでなめらかになるまで攪拌する。

車海老 白きくらげ 茶碗蒸し 焼きなすすり流し 茗荷

材料（作りやすい分量）
車海老…適量
白きくらげ…適量
A
└だし：薄口醤油：みりん＝12：1：1
茶碗蒸しの地（p.142）…全量
焼きなすすり流し（右記）…適量
茗荷（小口切り）…適量

1 車海老は頭と背ワタを取り、殻をむいてさっと洗い、水けをしっかりふく。
2 白きくらげはぬるま湯につけてやわらかくもどし、水けをきってかたい部分があれば切り取る。
3 鍋にAを入れ、火にかける。ひと煮立ちしたら2を加えてさっと炊く。
4 茶碗蒸しの地はよく混ぜ合わせ、濾し器で濾す。
5 耐熱の器に1と、3の汁けをきって入れ、4を注ぐ。表面の泡を消し、蒸気の上がった蒸し器に入れ、強火で1分、弱火で14分蒸す。
6 焼きなすすり流しを温め、5にかけて茗荷をとめる。

焼きなすすり流し

材料と作り方（作りやすい分量）
1 なす4本は皮に包丁で数カ所切り込みを入れ、直火で焼き焦がす。氷水におとして皮をむき、ざく切りにする。
2 鍋に1とだし300ml、薄口醤油・みりん各20mlを入れ、火にかける。煮立ったら火を止め、粗熱がとれたらミキサーでなめらかになるまで攪拌し、塩で調味する。

鱧と松茸 新銀杏茶碗蒸し
鱧スープあんかけ

材料（作りやすい分量）
鱧…適量
塩…適量
松茸…適量
新銀杏…適量
茶碗蒸しの地（p.142）…全量
A
- だし昆布…適量
- 酒…適量
- 水…適量

薄口醤油…適量
みりん…適量
水溶き片栗粉…適量
青柚子の皮…適量

1 鱧は腹開きで1枚おろしにして中骨、腹骨、背びれを取る。骨切り（p.77・写真1～3）して4cm幅ほどに切り分ける。塩を加えた熱湯でゆで、水におとして水けをきる。
2 松茸は刷毛で汚れを落とし、食べやすい大きさに切る。新銀杏は殻を取って薄皮をむき、さっとゆでる。
3 茶碗蒸しの地はよく混ぜ合わせ、濾し器で濾す。
4 耐熱の器に1、2を入れ、3を注ぐ。鱧の表面をバーナーで炙り、表面の泡を消し、蒸気の上がった蒸し器に入れ、強火で1分、弱火で14分蒸す。
5 鱧の中骨や腹骨、頭は魚焼き器でこんがり焼く。
6 鍋に5、Aを入れ、火にかける。煮立ったらアクをひいて弱火にし、20分ほど煮て濾し器で濾す。
7 6に薄口醤油、みりん、塩を加え、吸い地（p.9）くらいの味わいに味をととのえる。
8 7に水溶き片栗粉を加えてとろみをつけ、4にかけて青柚子の皮をすりおろしてふる。

新イクラの茶碗蒸し

材料（作りやすい分量）
新イクラ醬油漬け（p.40）…適量
茶碗蒸しの地（p.142）…全量
しいたけ（薄切り）…適量
三つ葉…適量
青柚子の皮…少々

1 茶碗蒸しの地はよく混ぜ合わせ、濾し器で濾す。
2 耐熱の器にしいたけ、1cm長さに切った三つ葉を適量ずつ入れ、1を注ぐ。表面の泡を消し、蒸気の上がった蒸し器に入れ、強火で1分、弱火で14分蒸す。
3 2に新イクラ醬油漬けを適量かけ、青柚子の皮をすりおろしてふる。

うなぎの茶碗蒸し 梅きゅうのせ

材料（作りやすい分量）
うなぎ蒲焼き（p.161）…適量
きゅうり…適量
塩…適量
はちみつ梅の果肉（たたいたもの）…適量
茶碗蒸しの地（p.142）…全量
（あん）
└ だし：薄口醤油：みりん＝14：1：1
水溶き片栗粉…適量

1 うなぎ蒲焼きはひと口大に切る。
2 きゅうりは塩ずりして水で洗い、小口切りにする。塩もみして水けをしぼる。
3 2をはちみつ梅の果肉で和える。
4 茶碗蒸しの地はよく混ぜ合わせ、濾し器で濾し、耐熱の器に注ぐ。表面の泡を消し、蒸気の上がった蒸し器に入れ、強火で1分、弱火で14分蒸す。1をのせ、蒸し器で1分温める。
5 鍋にあんの材料を合わせ入れ、火にかける。煮立ったら水溶き片栗粉を加えてとろみをつける。
6 4に5をかけ、3をのせる。

雲子と山えのき茶碗蒸し 白菜すり流し 黒こしょう

材料（作りやすい分量）
雲子（鱈の白子）…200g
山えのきたけ…1/6袋
A
- 水…300ml
- 酒…200ml
- 薄口醤油…大さじ2
- 塩…適量
- だし昆布…5g

茶碗蒸しの地（p.142）…全量
白菜…1/4個
太白ごま油…約大さじ2
だし…適量
塩…適量
黒こしょう…適量

1 雲子は血や汚れを取り除き、そうじしてひと口大に切る。
2 山えのきは石づきを落とし、2cmほどの長さに切る。
3 鍋にAを合わせ入れ、火にかける。煮立ったら1を加える。再び煮立ったら弱火にし、5分ほど炊く。火を止め、そのまま冷ます。
4 茶碗蒸しの地はよく混ぜ合わせ、濾し器で濾す。
5 白菜はざく切りにする。鍋に太白ごま油を熱し、白菜を入れて弱火でゆっくり炒める。だしを加え、アルミホイルで落としぶたをして白菜がくたくたになるまでゆっくり蒸し焼きにする。途中水分が足りなくなったらだしを足す。
6 5の粗熱がとれたらミキサーでなめらかになるまで攪拌し、鍋に移し入れて温め、塩で味をととのえる。
7 耐熱の器に2、3を入れ、4を注ぐ。表面の泡を消し、蒸気の上がった蒸し器に入れ、強火で1分、弱火で14分蒸す。
8 7に6のすり流しをかけ、黒こしょうをとめる。

湯葉とおもちの茶碗蒸し 炒め玉ねぎあんかけ 黒こしょう

材料（作りやすい分量）
汲み上げ湯葉…適量
もち…適量
玉ねぎ（薄切り）…適量
塩…少々
茶碗蒸しの地（p.142）…全量
A
└ だし：薄口醤油：みりん＝14：1：1
水溶き片栗粉…適量
太白ごま油…適量
黒こしょう…適量

1 フライパンに太白ごま油を熱し、玉ねぎを入れて塩をふり、飴色になるまでじっくり炒める。
2 もちは1cm角に切る。
3 茶碗蒸しの地はよく混ぜ合わせ、濾し器で濾す。
4 耐熱の器に2、汲み上げ湯葉を適量ずつ入れ、3を注ぐ。表面の泡を消し、蒸気の上がった蒸し器に入れ、強火で1分、弱火で14分蒸す。
5 鍋にAを入れ、火にかける。煮立ったら水溶き片栗粉を加えてとろみをつけ、1を加えて混ぜ合わせる。
6 4に5をかけ、黒こしょうをふる。

ご飯

鶏そぼろ グリーンピース炊き込みご飯 錦糸玉子

材料（作りやすい分量）
米…２合
（白飯地）
- 水：酒：塩＝12：1：0.2
- だし昆布…適量

鶏ももひき肉…500g
Ａ
- 水…200ml
- 酒…大さじ４
- 砂糖…大さじ４
- 醤油…大さじ６
- みりん…大さじ４

グリーンピース…適量
卵…適量
砂糖…適量
塩…適量

1　白飯地の材料を合わせて1時間以上おく。
2　米はといで30分以上浸水させ、ざるにあけて水けをきる。
3　鍋にひき肉とＡを入れ、火にかける。箸数本で混ぜながら、ぽろぽろにほぐし、煮汁が透き通ったら火を止め、そのまま冷ます。
4　グリーンピースはご飯を炊く直前にさやをむく。
5　卵を割りほぐし、砂糖と塩を加えて濾し器で濾す。玉子焼き器で薄焼き卵を焼き、細切りにして錦糸玉子を作る。
6　土鍋に2、4、白飯地400mlを入れ、ふたをして強めの中火にかける。ふいてきたら中火にして5分、弱火にして15分炊き、火を止める。
7　昆布を取り出し、3の汁けをきって全体にちらし、5をのせてふたをし、5分蒸らす。

生桜海老とふきの炊き込みご飯

材料（作りやすい分量）
米…２合
（茶飯地）
- 水：酒：薄口醤油：醤油
  ＝10：1：0.5：0.5
- だし昆布…適量

生桜海老…適量
ふき…適量
塩…適量
A
- だし：薄口醤油：みりん＝16：1：1
- 塩…少々

白いりごま…適量

1 茶飯地の材料を合わせて1時間以上おく。
2 米はといで30分以上浸水させ、ざるにあけて水けをきる。
3 ふきは塩ずりして熱湯でさっとゆで、氷水におとす。両端から筋をむき、鍋に入る長さに切る。
4 鍋にAを入れ、火にかける。煮立ったら3を加えて5分ほど炊いて火を止め、そのまま冷まして味を含ませる。汁けをきって小口切りにする。
5 生桜海老は薄い塩水（分量外）につけ、箸でぐるぐるかき混ぜてひげをそうじし、ざるにあけて水けをきる。
6 土鍋に2、5、茶飯地400mlを入れ、ふたをして強めの中火にかける。ふいてきたら中火にして5分、弱火にして15分炊き、火を止める。
7 昆布を取り出し、4をちらしてふたをし、5分蒸らして白ごまをふる。

たけのことあさりの炊き込みご飯 わかめスープ添え

材料（作りやすい分量）
米…2合
（飯地）
- 水：酒：薄口醤油＝10：1：1
- だし昆布…適量

たけのこ含め煮（p.58）…適量
あさり…適量
塩…適量
油揚げ…適量
木の芽…適量
わかめスープ（右記）…適量

1 飯地の材料を合わせて1時間以上おく。
2 米はといで30分以上浸水させ、ざるにあけて水けをきる。
3 あさりは砂抜きして殻をこすり洗う。
4 たけのこ含め煮は食べやすく切る。油揚げはみじん切りにする。
5 土鍋に2、飯地400ml、3、4を入れ、ふたをして強めの中火にかける。ふいてきたら中火にして5分、弱火にして15分炊き、火を止める。
6 あさりと昆布を取り出し、あさりの身を殻からはずして戻し入れる。ふたをし、5分蒸らす。
7 茶碗に盛り、木の芽をとめる。わかめスープを添える。

わかめスープ

材料と作り方（作りやすい分量）
1 鍋にわかめ含め煮（p.72）適量を粗く刻んで入れる。
2 吸い地（p.9）適量を加えて温め、水溶き片栗粉適量で軽くとろみをつける。
3 椀に注ぎ、黒こしょう適量をふる。

じゃこと万願寺とうがらし炊き込みご飯

材料（作りやすい分量）
米…２合
白飯地（p.154）…適量
万願寺とうがらし…２本
じゃこ…50g
太白ごま油…大さじ1
塩…少々
白いりごま…適量

1 白飯地の材料を合わせて1時間以上おく。
2 米はといで30分以上浸水させ、ざるにあけて水けをきる。
3 万願寺とうがらしはへたを取り、ひと口大に切る。フライパンに太白ごま油を熱し、万願寺とうがらしを入れ、塩をふってさっと炒める。
4 土鍋に2、白飯地400mlを入れ、ふたをして強めの中火にかける。ふいてきたら中火にして5分、弱火にして15分炊き、火を止める。
5 昆布を取り出し、3とじゃこを加えて5分蒸らし、白ごまをふる。

とうもろこし炊き込みご飯 バター

材料（作りやすい分量）
米…２合
白飯地（p.154）…適量
とうもろこし…１本
バター…適量

1. 白飯地の材料を合わせて1時間以上おく。
2. 米はといで30分以上浸水させ、ざるにあけて水けをきる。
3. とうもろこしは包丁で実をそぎ、パラパラにほぐす。芯はぶつ切りにする。
4. 土鍋に2、3、白飯地400mlを入れ、ふたをして強めの中火にかける。ふいてきたら中火にして5分、弱火にして15分炊き、火を止めて5分蒸らす。
5. 芯と昆布を取り出し、全体を軽く混ぜて茶碗に盛り、好みでバターをのせる。

鮎と新生姜炊き込みご飯 たで葉

材料（作りやすい分量）
米…２合
茶飯地（p.155）…適量
鮎…４尾
新生姜…60g
たで葉…30g
塩…少々

1. 茶飯地は合わせて１時間以上おく。
2. 米はといで30分以上浸水させ、ざるにあけて水けをきる。
3. 鮎は頭と尾を切り落として塩をあてて魚焼き器でこんがり焼く。熱いうちに身をやさしく押し、中骨をピンセットで引き抜く。背びれと腹びれは手で取り除く。
4. 新生姜はスプーンで皮をこそげてむき、薄切りにしてからせん切りにして（長いものは半分に切る）水でさっと洗う。
5. 土鍋に2、4、茶飯地400mlを入れ、強めの中火にかける。ふいてきたら中火にして５分、弱火にして15分炊き、火を止める。昆布を取り出し、３を加えて５分蒸らす。
6. たで葉の葉を摘み、粗みじん切りにして５にちらす。

うなぎと新ごぼう炊き込みご飯
梅干し 三つ葉 白ごま

材料（作りやすい分量）
米…２合
（薄口飯地）
- 水：酒：薄口醬油＝12：1：1
- だし昆布…適量

うなぎ…１尾
（うだれ）
- 醬油…180ml
- 煮切りみりん…50ml
- たまり醬油…小さじ２
- ざらめ糖…65g
- 焼いたうなぎの骨…１尾分

粉山椒…少々
新ごぼう…60g
梅干し…２個
三つ葉の茎…８本
白いりごま…小さじ１

1. うなぎは開いて中骨をグリルや魚焼き器で焼く。鍋にうだれの材料を入れ、火にかける。煮立ったら弱火にして30分ほど煮て、粗熱がとれたら濾し器で濾す。
2. 開いたうなぎは串を打ち、グリルや魚焼き器で焼いて白焼きにする。蒸気の上がった蒸し器で15分ほど蒸し、再びグリルや魚焼き器で1のたれをぬりながら両面こんがり焼く。粉山椒をふってひと口大に切る。
3. 薄口飯地の材料を合わせて1時間以上おく。
4. 米はといで30分以上浸水させ、ざるにあけて水けをきる。
5. 新ごぼうはささがきにして水でさっと洗い、水けをきる。
6. 梅干しは種を取り除いて包丁でたたいてペースト状にする。三つ葉の茎は小口切りにする。
7. 土鍋に4、5、薄口飯地400mlを入れ、強めの中火にかける。ふいてきたら中火にして5分、弱火にして15分炊き、火を止める。昆布を取り出し、2を加えて5分蒸らす。
8. 6と白ごまをちらす。

新米 白ご飯 ご飯のお供5種

新米 白ご飯

材料（作りやすい分量）
新米…適量
水…適量

1 新米はといで30分以上浸水させ、ざるにあけて水けをきる。
2 土鍋に1と、米の1割増しの水を入れ、ふたをして強めの中火にかける。ふいてきたら中火にして5分、弱火にして15分炊き、火を止めて5分蒸らす。

じゃこ山椒

材料と作り方（作りやすい分量）
1 じゃこ500gは熱湯でさっと洗って水けをきる。
2 1を鍋に入れ、酒600mlを注いで1時間ほどおく。
3 2を強火にかけ、煮立ったらみりん100ml、薄口醤油・醤油各50mlを加え、アルミホイルで落としぶたをして煮る。煮汁が半分くらいになったら実山椒水煮50gを加え、ときどきやさしく混ぜながら煮汁がなくなるまで炊く。
4 バットに広げ、粗熱がとれるまで少し乾かす。

梅おかか

材料と作り方（作りやすい分量）
1 梅干し（塩分8%くらい）10個は種を取り、包丁でたたいてペースト状にする。
2 1と、鰹削り節20g、太白ごま油大さじ1、醤油・砂糖各小さじ1を混ぜ合わせる。上に白いりごま適量をふる。

鶏みそ

材料と作り方（作りやすい分量）
1 しいたけ3枚は石づきを落としてみじん切りにする。ごぼう100gはみじん切りにする。
2 信州みそ150g、赤みそ50g、酒100ml、砂糖120g、卵黄3個分は混ぜ合わせる。
3 フライパンに太白ごま油大さじ2を熱し、1、鶏ももひき肉200gを炒める。火が通ったら2を加え、焦がさないように弱火で練りながら火を通す。
4 元のみそくらいのかたさになったら火を止め、白いりごま大さじ2と粉山椒少々を混ぜ合わせ、冷ます。

香の物

材料と作り方（作りやすい分量）
1 白菜1/4個はざく切りにし、にんじん100gは4cm長さのせん切りにする。
2 1の重量の1%の塩をまぶしてもみ、1時間ほどおく。水けをしっかりしぼる。

昆布佃煮

材料と作り方（作りやすい分量）
1 だしをとった後の昆布500gは4cm角に切る。
2 鍋に1、水800ml、酒200ml、砂糖150gを入れ、火にかける。煮立ったら弱火にし、落としぶたをして煮汁が半分くらいになるまで煮る。
3 醤油大さじ6を加えてしばらく煮、さらに醤油大さじ6と酢大さじ1を加える。ときどき混ぜながら煮汁がほぼなくなるまで煮て火を止め、そのまま冷ます。

ご飯　秋

じゃこと焼き蓮根の炊き込みご飯

材料（作りやすい分量）
米…２合
白飯地（p.154）…適量
じゃこ…適量
蓮根…適量
万能ねぎ（小口切り）…適量
白いりごま…適量

1 白飯地の材料を合わせて1時間以上おく。
2 米はといで30分以上浸水させ、ざるにあけて水けをきる。
3 蓮根は皮をむいて1cm角に切ってフライパンでからいりして焼き目をつける。
4 土鍋に2、3、白飯地400mlを入れ、ふたをして強めの中火にかける。ふいてきたら中火にして5分、弱火にして15分炊き、火を止める。
5 昆布を取り出し、じゃこ、万能ねぎを加えて5分蒸らし、白ごまをちらす。

蟹と白菜炊き込みご飯

材料（作りやすい分量）
米…２合
白飯地（p.154）…適量
ずわい蟹（ボイルしたもの）…適量
白菜（芯の黄色い部分）…適量
三つ葉の茎…適量

1 白飯地の材料を合わせて1時間以上おく。
2 米はといで30分以上浸水させ、ざるにあけて水けをきる。
3 蟹は殻から身を取り出す。
4 白菜はざく切りにする。
5 三つ葉の茎は小口切りにする。
6 土鍋に2、4、白飯地400mlを入れ、ふたをして強めの中火にかける。ふいてきたら中火にして5分、弱火にして15分炊いて火を止める。
7 昆布を取り出し、3をのせて5分蒸らし、5をちらす。

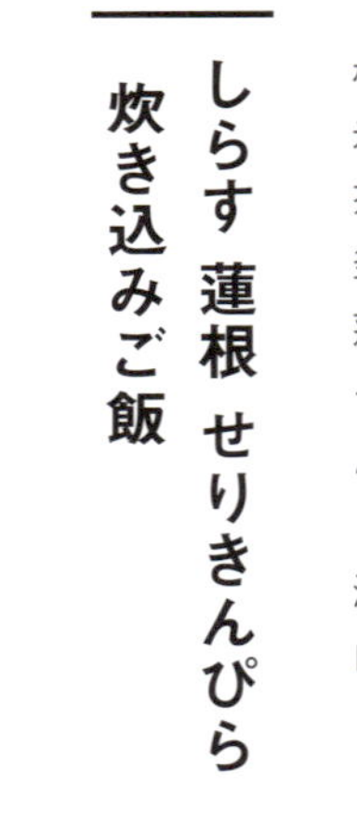

しらす 蓮根 せりきんぴら 炊き込みご飯

材料（作りやすい分量）
米…２合
茶飯地（p.155）…適量
釜揚げしらす…適量
蓮根…適量
せり…１わ
A
└酒：醤油：砂糖＝３：２：１
油…適量
白いりごま…適量

1. 茶飯地の材料は合わせて1時間以上おく。
2. 米はといで30分以上浸水させ、ざるにあげて水けをきる。
3. 蓮根は皮をむき、小さめの角切りにする。
4. せりは根を落とし、2cm長さに切る。
5. フライパンに油を熱し、4を加えてさっと炒める。Aを加えて炒め合わせ、バットに取り出す。
6. 土鍋に2、茶飯地400ml、3を入れ、強めの中火にかける。ふいてきたら中火にして5分、弱火にして15分炊いて火を止める。
7. 昆布を取り出し、しらすと5を加えて5分蒸らし、白ごまをふる。

鯛と雲子 九条ねぎ炊き込みご飯

材料（作りやすい分量）
米…２合
白飯地（p.154）…適量
鯛（切り身）…適量
雲子（鱈の白子）…適量
九条ねぎ…適量
塩…適量
A
- 酒…適量
- 塩…適量
- だし昆布…適量

1 白飯地の材料を合わせて1時間以上おく。
2 米はといで30分以上浸水させ、ざるにあけて水けをきる。
3 鯛は塩を軽くあて、グリルや魚焼き器で焼いて骨をはずし、身をほぐす。
4 雲子は薄い塩水で洗って血合いや筋を取り除き、ひと口大に切る。
5 鍋に湯を沸かし、Aを加えて火にかける。煮立ったら4を加えて火を止める。そのまま冷まし、味を含ませる。
6 5の汁けをきってバーナーで焼き目をつける。
7 九条ねぎは小口切りにして水でさっと洗い、水けをきる。
8 土鍋に2、白飯地400mlを入れ、ふたをして強めの中火にかける。ふいてきたら中火にして5分、弱火にして15分炊いて火を止める。
9 昆布を取り出し、3、6をのせて5分蒸らし、7をちらす。

カレーライスの丸かじり
東海林さだお
「東海林先生の食べ物エッセイに出会わなかったら私は料理人になっていなかったと思います。」
「賛否両論」店主 笠原将弘
東海林先生 本当にありがとうございました!! 一生 大ファンです。
東海林ワールド、シリーズ第47弾!
調味料図鑑
トップシェフ&スペシャリストが教える調味料選び

私は基本的には父の教えをもとに人間として、大人の男として生きているが、それ以外にも私に影響を与えてくれた人が何人かいる。

一人は、初めて社会に出た私を料理人として、いち社会人としてきちんと育ててくれた板前修業時代の料理長。私の師匠だ。師匠はとにかく恐かった。こんなおっかない大人がいるんだと、高校を卒業したての18歳の私には衝撃的だった。ただ、師匠は恐ろしさのなかに優しさもあった。料理人としても天才的だった。師匠から私が学んだのは、大人の男は仕事ができてなんぼ。そしてただ優しいだけでもだめで、恐ろしさもなければいけないということだった。全員平等に怒る。だが、怒りを引きずらない。そんなリーダーとしても優れた人だった。口癖は「やることないなら仕事しとけ！」「人間暇だと余計なことをする」だった。本当にその通りだなぁと私は肝に銘じている。

子どもの頃から本を読むのが好きだった私は、いろいろな作家さんの言葉からも影響を受けている。池波正太郎先生、伊集院静先生、椎名誠先生、東海林さだお先生。それぞれ少しずつタイプは違う方々だが、さまざまな作品を読んでいくと共通する男のダンディズムのようなものが伝わってくる。そこには父や師匠の教えとも通ずるところがたくさんある。

自慢話はするな。蘊蓄は語るな。恩というものは他人に着せるものではない、自分が着るものだ。人間は良いこともしながら悪いこともする生き物。身だしなみで大事なのは体調だ。知識を身につけるなら旅に出て、人と会って、本を読むことだ。公共の場で人に聞こえるほど大きい声で話すな。大人の酒は他人が驚くほど酔ってはいけない。1杯目のビールはごくごくうまそうに飲め。理不尽が罷り通るのが世の中だ、など。

まだまだあるが、このような人間として生きていたいと自分なりに頑張っている。そしてそれが賛否両論の空気感にもなってくれていれば幸いである。

変わり醤油、たれ

造り醤油

材料（作りやすい分量）
酒…120ml
みりん…100ml
醤油…360ml
たまり醤油…180ml
花鰹…30g

1　鍋に酒とみりんを入れ、火にかける。沸いたらアルコール分をとばす（写真1）。
2　醤油、たまり醤油、花鰹を加えて（写真2～4）弱火にし、10分ほど煮る（写真5）。火を止めて常温まで冷まし、濾し器でしっかり濾す（写真6～7）。

1

2

3

4

5

6

7

①せり塩昆布

②生青のり醬油

⑤行者にんにく醬油

③ふきのとう黄身酢

④わらび醬油

⑥わかめ醬油

⑦たけのこ醬油

⑧新玉ねぎ醬油

⑨菜の花醬油

⑩にら醬油

①せり塩昆布

材料と作り方（作りやすい分量）

1 せり40gは小口切り、塩昆布20gはみじん切りにする。

2 1、太白ごま油大さじ7、造り醤油（p.173）大さじ1、白いりごま大さじ1を混ぜ合わせる。

②生青のり醤油

材料と作り方（作りやすい分量）

1 生青のり50gは水でさっと洗い、水けをしっかりきる。

2 1、太白ごま油大さじ1、造り醤油（p.173）大さじ1と1/2を混ぜ合わせる。

③ふきのとう黄身酢

材料と作り方（作りやすい分量）

1 ふきのとう40gは半分に切って熱湯に入れ、かき混ぜながら3分ほどゆでる。水におとし、20分ほどさらす。

2 黄身酢を作る。卵黄5個分、千鳥酢大さじ5、砂糖大さじ3と1/2、薄口醤油大さじ1と1/2をボウルに入れる。湯煎にかけ、泡立て器で混ぜながらもったりするまで混ぜ合わせて冷やす。

3 1の水けをしっかりしぼってみじん切りにし、黄身酢150g分と混ぜ合わせる。

＊ 黄身酢は作りやすい分量。

④わらび醤油

材料と作り方（作りやすい分量）

1 熱湯2ℓに重曹10gを溶き、わらび100gを12時間つけ、流水に2時間あててアクを抜く。

2 1をさっと洗って水けをきり、小口切りにして包丁でたたいてとろろ状にする。

3 2、造り醤油（p.173）大さじ3、砂糖ひとつまみを混ぜ合わせる。

⑤行者にんにく醤油

材料と作り方（作りやすい分量）

1 行者にんにく40gは熱湯でさっとゆでて水におとし、水けをしぼってみじん切りにする。

2 1、太香ごま油大さじ1、造り醤油（p.173）大さじ5を混ぜ合わせ、冷蔵室で1時間以上おいて味をなじませる。

⑥わかめ醤油

材料と作り方（作りやすい分量）

1 わかめ（もどしたもの）120gはざく切りにする。

2 1、だし大さじ4、太白ごま油・造り醤油（p.173）各大さじ2と1/2をミキサーに入れ、なめらかになるまで攪拌する。

⑦たけのこ醤油

材料と作り方（作りやすい分量）

1 たけのこ含め煮（p.58）100gはざく切りにする。

2 1、太白ごま油大さじ2、造り醤油（p.173）50mlをミキサーに入れ、なめらかになるまで攪拌する。

⑧新玉ねぎ醤油

材料と作り方（作りやすい分量）

1 新玉ねぎ50gは皮をむいてみじん切りにする。

2 1、造り醤油（p.173）大さじ4、太白ごま油大さじ1を混ぜ合わせる。

⑨菜の花醤油

材料と作り方（作りやすい分量）

1 菜の花200gは熱湯でゆでて氷水におとす。水けをしっかりしぼってざく切りにする。

2 1、太白ごま油大さじ6、造り醤油（p.173）大さじ2、塩・砂糖各少々をミキサーに入れ、なめらかになるまで攪拌する。

⑩にら醤油

材料と作り方（作りやすい分量）

1 にら50gは小口切りにする。

2 フライパンに太白ごま油大さじ6を煙が出るくらいまで熱し、1を一気に加え炒める。

3 にらに火が入って色が鮮やかになったら、造り醤油（p.173）50ml、塩・砂糖各小さじ1、一味唐辛子少々を加えてざっと混ぜ合わせ、そのまま冷ます。

⑪トマト醤油

⑫セロリ醤油

⑬ししとう醤油

⑭ゴーヤー醤油

⑮オクラ醤油

⑯焼きなす醤油

⑰大葉醤油

⑱梅醤油

夏の変わり醤油1

⑪トマト醤油

材料と作り方（作りやすい分量）

1 トマト2個はへたを取り、熱湯にさっとくぐらせる。氷水におとして湯むきし、包丁でたたいてペースト状にする。

2 1、太白ごま油・煮切り酒各大さじ1、造り醤油（p.173）50ml、塩少々を混ぜ合わせる。

⑫セロリ醤油

材料と作り方（作りやすい分量）

1 セロリ100gは筋を取り、みじん切りにする。

2 1、造り醤油（p.173）100ml、太白ごま油大さじ2を混ぜ合わせ、1時間以上おく。

⑭ゴーヤー醤油

材料と作り方（作りやすい分量）

1 ゴーヤー1本は種とワタを取り除き、薄切りやみじん切りにする。ボウルに入れ、熱湯を注いで15分ほどおく。

2 1の水けをしっかりしぼり、造り醤油（p.173）200ml、太香ごま油大さじ2と合わせ、1時間以上おいて味をなじませる。

⑬ししとう醤油

材料と作り方（作りやすい分量）

1 ししとう10本はへたを切り、小口切りにする。

2 1、太白ごま油大さじ2、造り醤油（p.173）100mlを混ぜ合わせ、2時間ほどおいて味をなじませる。

⑮オクラ醤油

材料と作り方（作りやすい分量）

1 オクラ10本は塩ずりし、熱湯で30秒ほどゆでて氷水におとす。水けをきってへたを落とし、縦半分に切って種とワタを取り除き、みじん切りにする。

2 1、太白ごま油大さじ1、造り醤油（p.173）大さじ2を混ぜ合わせる。

⑰大葉醤油

材料と作り方（作りやすい分量）

> 大葉20枚はみじん切りにし、太白ごま油・煮切り酒各大さじ3、造り醤油（p.173）大さじ1、塩少々を混ぜ合わせる。

⑯焼きなす醤油

材料と作り方（作りやすい分量）

1 なす3本はp.146を参照して焼きなすにし、粗く刻む。万能ねぎ3本は小口切りにする。

2 1、太白ごま油大さじ1、造り醤油（p.173）50ml、おろし生姜小さじ1/2を混ぜ合わせる。

⑱梅醤油

材料と作り方（作りやすい分量）

1 梅干し60gは包丁でたたいてペースト状にする。

2 1、煮切り酒大さじ1、太白ごま油・造り醤油（p.173）各小さじ1、砂糖大さじ1と1/2を混ぜ合わせる。

⑲いり酒
㉑新生姜塩昆布
⑳梅酢みそ
㉓きゅうりみぞれ酢
㉒梅ごま塩昆布
㉔実山椒酢みそ

夏の変わり醤油2

⑲いり酒

材料と作り方（作りやすい分量）

1　鍋に水200ml、酒400ml、梅干し5個、塩小さじ1、だし昆布10gを入れ、火にかける。煮立ったら弱火にし、10分ほど煮る。

2　1に薄口醤油大さじ2と鰹削り節10gを加えてさっと煮、火を止める。粗熱がとれたら漉し器で漉す。

㉒梅ごま塩昆布

材料と作り方（作りやすい分量）

1　梅干し60gは包丁でたたいてペースト状にする。塩昆布30gはみじん切りにする。

2　1、白いりごま大さじ1、太白ごま油大さじ2、造り醤油（p.173）小さじ1を混ぜ合わせる。

⑳梅酢みそ

材料と作り方（作りやすい分量）

>　梅干し60gは包丁でたたいてペースト状にする。白玉みそ（p.16）50g、はちみつ大さじ1、太白ごま油大さじ1を混ぜ合わせる。

㉔実山椒酢みそ

材料と作り方（作りやすい分量）

>　白玉みそ（p.16）50gに千鳥酢大さじ1と1/2、実山椒青煮（p.28）のみじん切り大さじ1を混ぜ合わせる。

㉑新生姜塩昆布

材料と作り方（作りやすい分量）

1　新生姜60gは皮をむいてみじん切りにし、水でさっと洗う。塩昆布30gはみじん切りにする。

2　1、太白ごま油大さじ2、造り醤油（p.173）小さじ1を混ぜ合わせる。

㉓きゅうりみぞれ酢

材料と作り方（作りやすい分量）

1　きゅうり1本は塩ずりし、水でさっと洗ってへたを落としてすりおろす。

2　1の汁けをきり、だし・千鳥酢各大さじ2、太白ごま油小さじ1、砂糖小さじ1と1/2、塩少々と混ぜ合わせる。

㉕梅なめたけ

㉖しいたけ醤油

㉗ごぼう醤油

㉘松茸醤油

㉙とろろとんぶり醤油

㉚揚げごぼう塩昆布

㉛柿酢

㉜なめこ醤油

秋の変わり醤油

㉕梅なめたけ

材料と作り方（作りやすい分量）

1 えのきたけ３袋は石づきを落とし、3cm長さに切る。梅干し30gは包丁でたたいてペースト状にする。

2 鍋に1、梅干しの赤じそ適量、だし200ml、砂糖小さじ2、醤油大さじ5、みりん大さじ4を入れ、火にかける。煮立ったら弱火にして10分ほど煮、火を止めて冷ます。

㉘松茸醤油

材料と作り方（作りやすい分量）

1 松茸50gは薄切りにする。

2 鍋にだし100mlを入れ、火にかける。煮立ったら1を加えてさっと煮、火を止めて冷ます。途中、出てきたアクはしっかりひく。

3 2、造り醤油（p.173）50ml、太白ごま油小さじ1をミキサーに入れ、なめらかになるまで攪拌する。

＊ 松茸は形の悪いものや、折れたものなどを使うといい。

㉚揚げごぼう塩昆布

材料と作り方（作りやすい分量）

1 ごぼう100gはささがきにして水でさっと洗い、水けをしっかりふく。

2 170℃の揚げ油適量で1をカリカリになるまで素揚げし、油をきって軽く塩をふる。

3 塩昆布30gをみじん切りにし、2と混ぜ合わせる。

㉖しいたけ醤油

材料と作り方（作りやすい分量）

1 しいたけ（大）5枚は石づきを落とし、薄切りにする。

2 フライパンに太白ごま油大さじ2を熱し、1を香りが立つまで炒める。

3 2にだし大さじ2を加えてさっと煮、火を止めて冷ます。

4 3、造り醤油（p.173）50mlをミキサーに入れ、なめらかになるまで攪拌する。

㉙とろろとんぶり醤油

材料と作り方（作りやすい分量）

1 長芋100gは皮をむき、包丁でたたいて粗いとろろ状にする。

2 1、とんぶり30g、太白ごま油大さじ1、造り醤油（p.173）大さじ2、塩少々を混ぜ合わせる。

㉛柿酢

材料と作り方（作りやすい分量）

1 柿1個は皮をむいて種を取り、適当な大きさに切る。

2 1、千鳥酢50ml、薄口醤油・太白ごま油各大さじ1をミキサーに入れ、なめらかになるまで攪拌する。

㉗ごぼう醤油

材料と作り方（作りやすい分量）

1 ごぼう80gはみじん切りにする。

2 フライパンに太香ごま油大さじ2を熱し、1を炒める。しんなりしたらだし50mlを加える。煮立ったら弱火にしてやわらかくなるまで煮、火を止めて冷ます。

3 2、造り醤油（p.173）50mlをミキサーに入れ、なめらかになるまで攪拌する。

㉜なめこ醤油

材料と作り方（作りやすい分量）

1 なめこ50gはさっと洗って熱湯でゆで、ゆで汁をきる。

2 1、太香ごま油大さじ1、造り醤油（p.173）50mlを混ぜ合わせ、1時間以上おいて味をなじませる。

㉝ねぎごま塩だれ

㉞春菊醤油

㉟せりごま醤油

㊲根三つ葉醤油

㊳九条ねぎ醤油

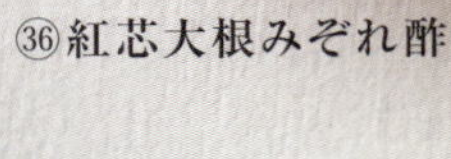

㊱紅芯大根みぞれ酢

㊵べったら塩昆布

㊶金時にんじん醤油

㊴かぶみぞれ酢

㉝ねぎごま塩だれ

材料と作り方（作りやすい分量）

1 長ねぎ1本はみじん切りにする。

2 1、レモン汁1個分、昆布茶小さじ1、白いりごま大さじ1、太香ごま油大さじ4、塩・黒こしょう各小さじ1/2を混ぜ合わせる。

㊱紅芯大根みぞれ酢

材料と作り方（作りやすい分量）

1 紅芯大根100gは皮をむいてすりおろす。

2 1、太白ごま油大さじ1、砂糖・塩各少々、千鳥酢大さじ2を混ぜ合わせる。

㊴かぶみぞれ酢

材料と作り方（作りやすい分量）

1 かぶ100gは皮をむいてすりおろし、軽く汁けをきる。

2 1、塩・砂糖各少々、太白ごま油大さじ1、千鳥酢大さじ2を混ぜ合わせる。

㉞春菊醬油

材料と作り方（作りやすい分量）

1 春菊1/2わは、熱湯でさっとゆでる。氷水におとして水けをしっかりしぼり、ざく切りにする。

2 1、太白ごま油大さじ1、造り醬油（p.173）50mlをミキサーに入れ、なめらかになるまで攪拌する。

㊲根三つ葉醬油

材料と作り方（作りやすい分量）

1 根三つ葉50gは、熱湯でさっとゆでる。氷水におとして水けをしっかりしぼり、みじん切りにする。

2 1、造り醬油（p.173）大さじ4、太白ごま油大さじ1を混ぜ合わせる。

㊵べったら塩昆布

材料と作り方（作りやすい分量）

> べったら漬け50g、塩昆布20gをみじん切りにし、太白ごま油大さじ1で和える。

㉟せりごま醬油

材料と作り方（作りやすい分量）

> せり50gは小口切りにし、白いりごま大さじ1、砂糖少々、造り醬油（p.173）大さじ5、太香ごま油大さじ1と混ぜ合わせる。

㊳九条ねぎ醬油

材料と作り方（作りやすい分量）

1 九条ねぎ100gは、熱湯でさっとゆでる。氷水におとして水けをしっかりしぼり、ざく切りにする。

2 1、太白ごま油大さじ3、砂糖小さじ1/2、造り醬油（p.173）大さじ1、塩少々をミキサーに入れ、なめらかになるまで攪拌する。

㊶金時にんじん醬油

材料と作り方（作りやすい分量）

1 金時にんじん100gは皮をむいてすりおろす。

2 1、塩・砂糖各少々、太白ごま油大さじ2、造り醬油（p.173）大さじ1を混ぜ合わせる。

冬の変わり醬油

㊷もやし醤油

㊸赤玉ねぎ醤油

㊹いぶりがっこ醤油

㊺オリーブ塩昆布

㊻揚げおかか

㊼練り酒盗

㊽梅ごま貝割れ

㊾納豆醤油

㊷もやし醤油

材料と作り方（作りやすい分量）

1 もやし200gはひげ根を取る。

2 フライパンに太香ごま油大さじ2を熱し、1を炒める。しんなりしたらだし大さじ2を加えてさっと煮、冷ます。

3 2、造り醤油（p.173）50mlをミキサーにかけ、なめらかになるまで攪拌する。

㊺オリーブ塩昆布

材料と作り方（作りやすい分量）

1 オリーブ塩漬け60gは種を取り、粗みじん切りにする。塩昆布30gはみじん切りにする。

2 1、太白ごま油大さじ2、造り醤油（p.173）小さじ1を混ぜ合わせる。

㊼練り酒盗

材料と作り方（作りやすい分量）

1 ボウルに卵黄5個分、かつお酒盗（甘口）・みりん各大さじ4、だし大さじ6、砂糖大さじ1/2、太白ごま油大さじ1を入れ、泡立て器で混ぜ合わせる。

2 1を湯煎にかけながらもったりするまで練り、冷ます。

㊸赤玉ねぎ醤油

材料と作り方（作りやすい分量）

1 赤玉ねぎ1個はみじん切りにする。

2 1、太香ごま油大さじ1、造り醤油（p.173）200mlを混ぜ合わせ、1時間以上おいて味をなじませる。

㊽梅ごま貝割れ

材料と作り方（作りやすい分量）

1 貝割れ菜1パックは根元を落とし、1cm長さに切る。

2 1、梅ペースト30g、太白ごま油大さじ3、白いりごま大さじ1を混ぜ合わせる。

㊹いぶりがっこ醤油

材料と作り方（作りやすい分量）

1 いぶりがっこ50gと塩昆布30gはみじん切りにする。

2 1、太白ごま油・造り醤油（p.173）各大さじ2を混ぜ合わせる。

㊻揚げおかか

材料と作り方（作りやすい分量）

1 造り醤油（p.173）をしぼったあとの鰹節適量の汁けをしっかりしぼり、バットに広げて乾かす。

2 160℃の揚げ油適量でパリパリになるまで素揚げする。

㊾納豆醤油

材料と作り方（作りやすい分量）

> 納豆50g、造り醤油（p.173）50ml、卵黄1個分、煮切り酒大さじ2、太白ごま油大さじ1、練り辛子小さじ1/2をミキサーにかけ、なめらかになるまで攪拌する。

変わり醤油　通年

甘味

大葉シャーベット

材料（作りやすい分量）
大葉…20枚
A
- 水…500ml
- 砂糖…100g

B
- 梅酒…50ml
- 白ワイン…大さじ2
- レモン汁…1/2個分

1 Aは混ぜ合わせ、冷凍室でひと晩おいて凍らせる。
2 大葉はざく切りにする。
3 フードプロセッサーに1をくだいて入れ、2とBを加えてなめらかになるまで攪拌する。
4 3を容器に入れ、再び冷凍室で凍らせる。
5 スプーンやアイスクリームディッシャーなどですくい、器に盛る。

杏仁豆腐

材料（作りやすい分量）
A
- 牛乳…600ml
- 生クリーム…400ml
- 砂糖…100g
- 杏仁霜…20g

板ゼラチン…7.5g
アマレット…大さじ2
（シロップ）
- 水…600ml
- 砂糖…200g
- レモン汁…大さじ1
- コアントロー…少々

1 板ゼラチンは冷水につけてふやかす。
2 鍋にAを入れ、火にかける。沸騰寸前まで温め、火を止めて1の水けをしぼって加え、溶かす。
3 2を濾し器で濾してボウルに入れ、底を氷水にあてながら、とろみがつくまでたまに混ぜながら冷やす。
4 アマレットを加え混ぜ、器に流し入れて冷蔵室で冷やし固める。
5 鍋にシロップの材料の水と砂糖を入れ、火にかける。沸いたら火を止め、自然に冷ます。レモン汁とコアントローを加え混ぜ、冷蔵室で冷やす。
6 4に5を適量かける。

きなこアイス

材料（作りやすい分量）
卵黄…6個分
砂糖…100g
牛乳…100ml
生クリーム…400ml
きなこ…70g
黒蜜…大さじ2
ラム酒…大さじ1

1 ボウルに卵黄と砂糖を入れ、泡立て器で白っぽくなるまで混ぜる。
2 鍋に牛乳と生クリームを入れ、火にかける。沸騰寸前まで温め、1に少しずつ加えて混ぜる。
3 2を濾し器で濾し、きなこ、黒蜜、ラム酒を加えてアイスクリームメーカーにかける。
4 器に盛り、黒蜜（分量外）をかける。

焼きもなか

材料（作りやすい分量）
（粒あん）
小豆…600g
砂糖…600g
塩…ひとつまみ
もなかの皮（市販）…適量

1 小豆はさっと洗って鍋に入れ、水をひたひたに注いで火にかける。沸いたら一度ゆでこぼす。
2 鍋をきれいにして1の小豆を戻し入れ、水をたっぷり注いで火にかける。沸いたら弱火にしてアクはひかずに2〜3時間、小豆がやわらかくなるまで煮る。小豆が湯から顔を出さないように、湯が減ってきたらそのつど水を加える。
3 小豆が指で簡単につぶれるくらいにやわらかくなったら砂糖を加え、アルミホイルで落としぶたをして水分を煮詰める。水分がなくなってきたら塩を加え、木べらでたまに混ぜながら焦がさないようにさらに煮詰め、ほどよいやわらかさになったら火を止めて冷ます。
4 もなかの皮に3を適量挟み、オーブントースターで表面に軽く焼き目がつくまで焼く。

とり将プリン

材料（直径5cmの耐熱容器20個分）
卵黄…10個分
砂糖…180g
牛乳…600ml
生クリーム…400ml
バニラビーンズ…少々
グラニュー糖…少々

1　ボウルに卵黄と砂糖を入れ、泡立て器で白っぽくなるまで混ぜる。
2　鍋に牛乳と生クリーム、バニラビーンズを入れ、火にかける。沸騰寸前まで温め、1に少しずつ加えて混ぜる。
3　2を濾し器で濾し、耐熱の器に流し入れる。表面の泡を消し、蒸気の上がった蒸し器で15～20分弱火で蒸す。粗熱がとれたら冷蔵室で冷やす。
4　表面にグラニュー糖をふり、バーナーで焼き目をつける。

いちごメレンゲ　練乳クリーム和え

材料（作りやすい分量）
いちご…適量
卵白…4個分
塩…ひとつまみ
砂糖…300g
A
- コーンスターチ…大さじ1
- レモン汁…大さじ1

B
- 生クリーム…200ml
- 練乳…大さじ2
- コアントロー…小さじ1

1. ボウルに冷えた卵白と塩を入れ、白っぽくなるまで泡立てる。
2. 砂糖を4〜5回に分けて加え、しっかり角が立つまで泡立てる。
3. Aを合わせてまわし入れ、さっくり混ぜる。
4. 天板にオーブン用ペーパーを敷き、3をのせて平らにならす。110℃のオーブンで1時間半ほど焼く。冷めてからひと口大に手で割る。
5. ボウルにBを入れ、八分立てに泡立てる。
6. いちごはへたを取る。
7. 器に4、5、6を彩り良く盛り付ける。

あんこ玉3種

材料と作り方(作りやすい分量)

1 自家製の粒あん(p.190)適量をひと口大に丸める。

2 黒すりごま、カカオニブ、青きなこ各適量をそれぞれにまぶす。

抹茶かん びわ添え

材料(15×13×H4cmの流し缶2台分)

抹茶…大さじ2

A

- 砂糖…130g
- パールアガー…45g
- 水…1ℓ

びわ…適量

1 ボウルに抹茶とAを入れ、よく混ぜ合わせてパールアガーを溶かす。

2 1を鍋に入れ、火にかける。混ぜながらさらに溶かし、濾し器で濾す。

3 2を流し缶に流し入れ、冷蔵室で冷やし固める。

4 ひと口大に切って器に盛り、皮をむいて種を取ったびわを添える。

トロピカルフルーツジェラート

材料（作りやすい分量）
A
- 冷凍マンゴー…130g
- パイナップル（缶詰）…60g
- バナナ…2本
- レモン汁…小さじ2

砂糖…80g
牛乳…150ml
バナナ…適量
グラニュー糖…適量

1. ミキサーにAを入れて攪拌し、ピュレ状にする。
2. 鍋に1と砂糖を入れ、火にかける。煮立ったら粗熱がとれるまで冷ます。
3. 2に牛乳を加え混ぜ、アイスクリームメーカーにかける。
4. バナナを食べやすい大きさに切り、グラニュー糖をふってバーナーで焼き目をつける。
5. 器に3を盛り、4を添える。

杏仁豆腐 シャインマスカット 白ワインジュレ

材料（作りやすい分量）
シャインマスカット…適量
杏仁豆腐（p.189）…適量
（白ワインジュレ）
- 白ワイン…450ml
- 水…120ml
- 砂糖…80g
- 板ゼラチン…6g
- ブランデー…小さじ1
- コアントロー…小さじ1

1 板ゼラチンは冷水につけてふやかす。
2 鍋に白ワインを入れ、火にかけてアルコールを煮切る。砂糖と、1の水けをしぼって加えて溶かし、水を加え混ぜる。ひと煮立ちしたら火を止め、粗熱がとれたらブランデーとコアントローを加え混ぜる。
3 2の鍋底を氷水にあてて、冷やし固める。
4 3をスプーンですくって杏仁豆腐に適量かけ、シャインマスカットを輪切りにして並べる。

杏仁豆腐 パイナップル 紅茶のジュレ

材料（作りやすい分量）
杏仁豆腐（p.189）…適量
パイナップル…適量
バジルの葉…適量
水…1ℓ
砂糖…100g
アールグレイ茶葉…2.5g
板ゼラチン…10g

1 板ゼラチンは冷水につけてふやかす。
2 鍋に分量の水を入れ、火にかける。沸いたら砂糖を加えて溶かす。
3 ボウルに茶葉を入れ、2を注いで3分ほどおいて蒸らす。
4 3に1の水けをしぼって加えて溶かし、濾し器で濾してボウルに入れる。底を氷水にあてて、冷やし固める。
5 パイナップルは5mm角に切る。バジルは刻み、パイナップルに混ぜ合わせる。
6 4のジュレを適量スプーンですくってくずし、杏仁豆腐にかけて5をのせる。

わらびもち 桃のスープ仕立て ミント

材料（作りやすい分量）
わらび粉…100g
砂糖…120g
水…500ml
（桃のスープ）
- 桃…２個
- レモン（薄切り）…２枚
- 水…100ml
- 桃のリキュール…40ml
- ブランデー…小さじ２

砂糖…少々
ミントの葉…適量

1 桃のスープを作る。桃は熱湯にさっとくぐらせて湯むきする。半分に切って種を取り、ひと口大に切る。
2 鍋にレモン、水、桃のリキュール、ブランデーを入れ、火にかける。煮立ったら1を加えてさっと煮、粗熱がとれるまで冷ます。
3 2のレモンを取り出し、残りをミキサーにかけてなめらかになるまで攪拌する。味をみて甘みが足りなければ砂糖でととのえ、冷蔵室で冷やす。
4 わらびもちを作る。ボウルにわらび粉と砂糖を入れ、分量の水を少しずつ加えてダマにならないように手で混ぜ合わせ、濾し器で濾す。
5 鍋に4を入れ、弱火にかけて木べらで練りながら火を通す。透明感が出てきたら氷水におとし、粗熱がとれたらひと口大にちぎる。
6 器にわらびもちを入れ、3を注いでミントの葉をあしらう。

抹茶と青柚子のジェラート

材料（作りやすい分量）
抹茶…大さじ1と1/2
砂糖…90g
牛乳…400ml
生クリーム…100ml
青柚子の皮…1個分
青柚子果汁…大さじ2

1 鍋に牛乳と生クリームを入れて火にかけ、沸騰寸前まで温める。
2 ボウルに抹茶と砂糖を入れて混ぜ合わせる。1を少しずつ加えてダマにならないように混ぜ合わせ、冷蔵室で冷やす。
3 青柚子の皮は白いワタ部分は薄くそいで取り除き、みじん切りにする。青柚子果汁と混ぜ合わせる。
4 2に3を加え混ぜ、アイスクリームメーカーで冷やし固める。

マロンアイス

材料（作りやすい分量）
マロンペースト…100g
卵…２個
ラム酒…大さじ1/2
砂糖…30g
A
├生クリーム…200ml
├牛乳…大さじ２
└バニラエッセンス…少々
甘栗（市販）…適量

1 卵は卵黄と卵白に分ける。
2 ボウルにマロンペースト、卵黄、ラム酒を入れ、泡立て器でよく混ぜ合わせ、濾し器で濾す。
3 別のボウルに卵白をメレンゲ状に泡立て、砂糖半量を加え混ぜる。
4 別のボウルに残りの砂糖とＡを入れ、混ぜ合わせる。
5 4のボウルに2を加え混ぜる。さらに3を泡をつぶさないように加え、ゴムべらでさっくり混ぜ合わせる。
6 5を容器に入れ、冷凍室で冷やし固める。
7 器に6を盛り、甘栗を刻んでちらす。

杏仁豆腐　柿ソース

材料（作りやすい分量）
柿（熟したもの）…適量
杏仁豆腐（p.189）…適量
レモン汁…少々
アマレット…少々

1　柿は皮をむいて種を取り、ミキサーで攪拌してなめらかにする。
2　レモン汁とアマレットを加えてさらに攪拌する。
3　杏仁豆腐の上に2を適量かける。

黄柚子シャーベット

材料（作りやすい分量）
黄柚子…2個
A
　水…500ml
　砂糖…100g
柚子酒…50ml
白ワイン…25ml

1　容器にAを混ぜ合わせ、冷凍室で凍らせる。
2　柚子は黄色い皮の部分をむき（白いワタ部分は薄くそいで取り除く）、果肉は搾る。
3　1をくだいてフードプロセッサーに入れ、2（黄色い皮と果汁）を加えて攪拌する。ある程度攪拌したら、柚子酒と白ワインを少しずつ加えながら、なめらかになるまでさらに攪拌する。
4　容器に入れ、冷凍室で再度冷やし固める。
5　4をスプーンでくだき、器に盛る。好みで黄柚子の皮をすりおろしてふる。

蒸しチョコレートケーキ ホイップクリーム

材料（約22×8×H6cmの型1台分）
スイートチョコレート…60g
A
- 薄力粉…100ｇ
- ココアパウダー…小さじ2
- ベーキングパウダー…大さじ1/2

B
- バター（無塩）…50g
- 牛乳…50ml
- はちみつ…大さじ1

卵…2個
きび砂糖…80g
コアントロー（またはラム酒）…大さじ1
いちご…適量
ホイップクリーム…適量

下準備
> バターは適当な大きさに切って室温にもどす。

1 チョコレートは刻む。Aの材料は合わせてふるう。
2 ボウルにチョコレートとBを入れ、湯煎にかけて混ぜながら溶かす。
3 湯煎からはずし、卵ときび砂糖を加えて混ぜ合わせる。
4 1の粉類を加え、粉けがなくなるまで混ぜる。コアントローを加えてさっと混ぜ合わせる。
5 型にオーブン用ペーパーを敷き、4を流し入れる。型を数回台に軽く落として空気を抜く。
6 蒸気の上がった蒸し器に入れ、強めの中火で40分ほど蒸す。最初の20分ほどは絶対にふたを開けないこと。開けるとしぼんでしまう。
7 竹串を中央にさして生地がついてこなければ取り出す。温かくても、冷ましても好みで食べてよい。
8 食べやすい大きさに切って器に盛り、いちごとホイップクリームを添える。

カンパリみかん

材料（作りやすい分量）
みかん…適量
砂糖…80g
板ゼラチン…7.5g
A
- 白ワイン…400ml
- カンパリ…100ml
- 水…300ml

1 板ゼラチンは冷水につけてふやかす。
2 鍋にAを入れ、火にかける。煮立ったらアルコール分をとばして火を止め、砂糖と、1の水けをしぼって加え、溶かす。
3 2の粗熱がとれたらバットに流し入れ、冷蔵室で冷やし固める。
4 みかんは皮と薄皮をむいて果肉を取り出す。
5 器に4を入れ、3をスプーンでくずしてかける。

バターもち黒すりごま

材料（約22×8×H6cmの型2台分）
A
- もち粉…450g
- きび砂糖…400g
- ベーキングパウダー…小さじ2

B
- 卵…4個
- 牛乳…470ml
- ココナッツミルク…440ml
- 溶かしバター…110g
- バニラエッセンス…少々

黒すりごま…適量

1 Aはよく混ぜ合わせる。
2 Bはよく混ぜ合わせる。
3 1に2を少しずつ加え、ダマにならないように混ぜ合わせる。
4 型にオーブン用ペーパーを敷き、3を流し入れる。180℃のオーブンで60～70分焼く。
5 完全に冷めたら切り分け、器に盛って黒ごまをかける。

杏仁豆腐
いちご 白ワインジュレ

材料と作り方（作りやすい分量）

1 いちご適量は5mm角に切る。
2 白ワインジュレ（p.195）適量は、スプーンでくずす。
3 杏仁豆腐（p.189）適量に1をちらし、2をかける。

賛否両論
TANPI-RYORON
賛否両論

おわりに

無我夢中で駆け抜けてきた20年間でした。

自分のお店が持てて、好きな料理を毎日作り、たくさんのお客様にご来店いただき、予約の取れない店とも言われるようになりました。店舗の数も増え、たった3人で始めたお店が今では20人以上ものスタッフが働いてくれるようにもなりました。卒業して自分の店を持ち、活躍してくれているメンバーも多数います。メディアにも取り上げられ、著書も100冊を超えました。仕事に関しては本当に幸せな料理人だと思います。文句を言っていたらバチが当たるでしょう。ただ、ふとした瞬間に私の心は後悔の念に駆られます。この20年間、とにかく仕事を最優先してきました。家族との時間を犠牲にしてきました。多少調子にのっていた自分もいます。仕事で成功することが親孝行にもなるし、妻も喜んでくれると勝手に思っていました。

一番の私の理解者であり、そばで応援してくれていた妻は2012年の秋、癌でこの世を去りました。まだ39歳でした。両親に続き、妻までも早くに失うことになるとは。神様を恨みました。もう仕事なんて辞めてやろう。本気で考えました。なんでもっと妻を大切にしなかったのだろう？　なんでもっと家族の時間をつくらなかったのだろう？

私の夢を叶えて幸せにしてくれた料理の仕事は、私を不幸のどん底にも突き落としたのです。ただこの悲しみ、寂しさは、私を強くしてくれました。私を大人にしてくれました。私ができることは結局のところ料理しかありません。だから、これからもいい料理を作り、いい仕事をして、世の中の役に立ち、支えてくれるまわりの皆の幸福のためにも、まだまだ走り続けようと思います。天国の3人がカウンターに座っていい店だねと言ってくれる店に向かって。賛否両論のドラマはまだまだ続きます。

賛否両論店主　笠原将弘

笠原将弘（かさはら　まさひろ）

東京・恵比寿の日本料理店「賛否両論」店主。日本料理の魅力を日本に、世界に知ってもらうべく幅広く活動中。料理人歴30年以上、開店20周年を迎える。長きにわたる店での仕込みの技や手法は本格的な日本料理から、さらには簡単な家庭料理提案まで幅広く、多くのファンに支持され続けている。『鶏大事典』『超・鶏大事典』『常備菜大事典』『保存食大事典』（すべて小社刊）など、日本料理のスキルを高める著書多数。

「賛否両論」
東京都渋谷区恵比寿2-14-4
TEL　03-3440-5572
https://www.sanpi-ryoron.com/

賛否両論　味の世界

2024年10月2日　初版発行

著者／笠原 将弘
発行者／山下 直久
発行／株式会社KADOKAWA
〒102-8177　東京都千代田区富士見2-13-3
TEL:0570-002-301（ナビダイヤル）

印刷所／TOPPANクロレ株式会社
製本所／TOPPANクロレ株式会社

ISBN 978-4-04-897663-3 C0077